단어를 보면 발음이 떠오르는
미국 영어발음법

전기선은 연세대학교 생화학과를 졸업하고 미국 오하이오 주립대학교에서 분자생물학을 공부하였다. 포항공대에서 분자유전학 박사학위를 취득했으며, 스탠퍼드대학교에서 박사 후 과정을 밟으면서 Nature, Nature Neuroscience, PNAS 등에 다양한 논문을 발표하였다. 이후 차병원 세포유전자 치료연구소, ㈜펩트론, ㈜엠젠바이오 등에서 연구원, 기술이사 등을 역임하였다.

그는 미국 오하이오 주립대학교 유학 시절 영어와 한판 전쟁을 치르고 난 뒤 독자적으로 영어 발음에 대한 체계적이고 과학적인 접근 방법을 연구하였다. 그리고 이러한 연구 성과를 바탕으로 카이스트, 성대, 동국대, 강원대, 가톨릭 의대 등에서 대학원생 대상으로 영어 발음 강의를 하였다. 현재는 상명대학교에서 학생들에게 '영어 발음 논리'를 가르치고 있으며, 상명대학교 그린에너지연구소에서 지속 가능한 에너지에 관한 자료 발굴 및 외국 석학들과의 협력체제 구축을 위한 컨설턴트로 활동하고 있다.

2012년 10월 9일 **초판 1쇄 발행** 2018년 3월 16일 **초판 3쇄 발행**
지은이 전기선 **펴낸곳** 도서출판 부키(주) **펴낸이** 박윤우
등록일 2012년 9월 27일 등록번호 제312-2012-000045호
주소 03785 서울 서대문구 신촌로3길 15 산성빌딩 6층 **전화** 02) 325-0846
팩스 02) 3141-4066 **홈페이지** www.bookie.co.kr **이메일** webmaster@bookie.co.kr
ISBN 978-89-6051-241-2 13740

책값은 뒤표지에 있습니다. 잘못된 책은 구입하신 서점에서 바꿔 드립니다.

단어를 보면
발음이 떠오르는

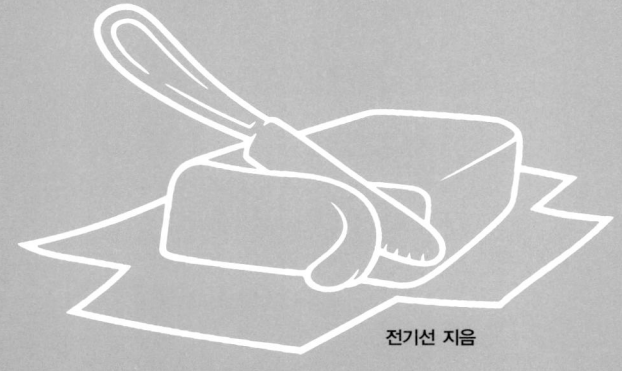

전기선 지음

미국
영어발음법

인다새

오렌지? 어륀쥐?
콩글리쉬 발음을 잉글리쉬 발음으로

"14×10=140", "21×5=105"

이 숫자들이 뭐냐고요? 이 숫자들은 바로 한글의 자음과 모음의 곱, 영어의 자음과 모음의 곱입니다. 이 곱셈의 결과로 한글의 자음과 모음의 조합에 의한 발음의 변화가 영어에 비해 훨씬 다양하다는 것을 알 수 있습니다. 또 이것은 대부분의 영어 발음을 한글로는 표현할 수 있으나 역으로는 불가능하다는 것을 암시합니다. 실제로 외국인을 만나 대화를 하다 보면 우리는 자연스럽게 영어 이름을 발음하는 데 반해 그들은 한글 이름을 잘 발음하지 못합니다. 아무리 정확하게 시범을 보여도 잘 따라 하지 못합니다. 위의 숫자가 나타내듯, 한글에는 있지만 영어에는 없는 철자와 소리들이 있기 때문입니다.

저는 자연과학을 전공하였습니다. 그렇다 보니 사물에 대해 과학적, 객관적으로 분석하는 습관이 몸에 배어 있습니다. 영어를 배우면서도 단어와 발음 사이의 음운의 원리를 유추하였고 한글과 영어를 비교 분석하였습니다. 영어는 기본적으로 표음문자이므로 한글과 음운의 체계가 상당히 비슷하여 한국인이 쉽게 배울 수 있는 언어입니다. 그럼에도 불구하고 영어 발음을 어려워하는 것은 영어에서 모음 변화의 다양성과 강세에 대한 체계적인 이해가 없기 때문입니다. 대학에서 강의를 하면서 놀라웠던 것이 '학생들이 schwa 현상이나 반모음 같은 중요한 발음 현상을 거의 인식하지 못하고 있다'는 점이었습니다.

대학 졸업 후 저는 **TOEFL**과 **GRE** 시험에서 우수한 점수를 받고 미국 오하이오 주립대로 유학을 갔습니다. 영어에 관한 한 자신감이 충만하였습니다. 하지만 미국에서 **TSE**(Test of Spoken English) 시험을 치른 뒤, 그야말로 '좌절감이란 무엇인가'를 맛봤습니다. 저는 말을 하거나 듣는 데 지장이 많은 반쪽짜리 언어, 즉 콩글리쉬(**Broken English**) 습득자에 불과하였습니다.

콩글리쉬 발음을 개선하고 듣기 실력을 향상시키기 위해 '콩글리쉬'가 아닌 '잉글리쉬' 발음에 대한 다양한 자료를 수집하고 분석하였으며 체계적이고 과학적인 방법으로 접근하였습니다. 영어 발음을 분석할 때 가장 고민스러웠던 것은 '영어에는 왜 [으]라는 모음이 없을까?' 하는 생각이었습니다. 실제로 영어 발음을 들어 보면 단어 내에 [으]와 유사한 발음이 많습니다. 따라서 영어 발음을 할 때 [으]의 존재를 인식한다면 영어 말하기뿐만 아니라 듣기가 훨씬 수월해집니다. 또 동일한 어원에 의해 생성된 단어 임에도 불구하고 동사, 명사, 형용사로 품사가 변화하면서 일정한 강세 규칙에 의해 발음이 변화한다는 것을 안다면 말하기와 듣기에서도 스스로 주의를 기울여 발음하게 될 것입니다.

그리고 이제 이러한 연구와 분석의 결과물이 《단어를 보면 발음이 떠오르는 미국 영어발음법》이란 책으로 출간되었습니다. 저의 콩글리쉬 발음이 잉글리쉬 발음으로 교정되었듯, 과거 잘못된 방법으로 영어 발음을 익혀서 콩글리쉬를 하고 있는 많은 분들에게 이 책은 분명 큰 도움이 될 거라고 자신합니다.

우리가 영어 독해를 위해 문법을 공부하듯이 말하기, 듣기를 잘하기 위해서도 먼저 발음의 원리를 이해하고 공부해야 합니다. 영어의 기본적인 음운 현상을 이해하면 영어 발음에 자신감이 생기고 영어 문장을 막힘없이 읽을 수 있으며 외국인과 대화할 때 듣기는 물론 말하기까지도 수월해집니다. 한 번 더 강조하자면 영어 음운 이론에 대한 체계적인 학습만이 읽기, 듣기, 말하기를 잘할 수 있는 방법입니다. "영어는 아는 만큼 들리고, 아는 만큼만 말할 수 있으니까요."

우리는 왜 말하기와 듣기에서 약한 모습을 보일까?

우리는 중학교, 고등학교, 대학교에서 10년 넘게 영어를 배웠습니다. 하지만 정작 외국인을 만나면 금세 위축되어서는 머릿속에서만 문장이 맴돌고 입 밖으로 나오지 않습니다. 어찌 보면 이것은 지극히 당연한 일입니다. 10년간 영어 공부를 안 한 것이 아니라 말하기, 듣기에 필요한 영어를 공부하지 못한 것일 뿐입니다. 영어 독해를 위해서 문법부터 체계적으로 공부를 하는 것처럼 말하기와 듣기를 위해서도 체계적인 공부와 안내서가 필요합니다. 말하기와 듣기가 안 되는 데에는 크게 다음과 같은 원인이 있고, 그 원인을 해결하면 누구라도 영어를 말하고 듣는 데 불편함이 사라집니다.

영어 발음에 익숙지 않다

교과서에서 배운 대로 사전식 발음을 하면 미국인들이 못 알아듣는 경우가 종종 있습니다. 왜냐하면 영어는 철자 그대로 발음하지 않기 때문입니다. 그래서 발음기호라는 것도 생겨났겠지요. 철자 그대로 발음하려는 한국인들이 소홀하기 가장 쉬운 부분이자 취약한 부분입니다. 역으로 외국인이 한국말을 할 때 철자 그대로 발음하면 우리가 듣기에도 이상합니다.

 영어 발음에 익숙해지기 위해서는 사전에 나온 발음기호를 익히는 것보다는 차라리 미국 드라마를 여러 번 청취하면서 자신의 발음이 드라마에 나오는 배우의 발음과 똑같아질 때까지 반복 연습하는 게 더 좋습니다. 영어는 자음과 모음의 발음이 달라지기도 하는 데다 우리말과 달리 강세가 있어서 연습을 많이 해야만 합니다. 정확하게 소리를 내는 연습을 해서 혀의 안 쓰던 근육을 움직여 줘야 합니다. 발음의 중요성은 아무리 강조해도 지나치지 않습니다. 발음이 정확해지면 말하기와 듣기도 그만큼 향상됩니다.

원어민의 발음 속도를 따라가지 못한다

발음을 빠르게 하다 보면 우리말조차도 다르게 들립니다. 요즘 대중가요 중에서도 빠른 랩 음악 가사는 따라 부르기가 쉽지 않습니다. 영어 학원에서 원어민 강사와 대화할 때는 그럭저럭 들리는 영어가 미드나 영화를 보면 잘 들리지 않는데, 그 이유는 전적으로 발음의 속도 차이입니다. 영어 발음의 속도 차이를 극복하기 위해서는 문장 내 음운 법칙(연음법칙, 자음생략, 자음동화 등)에 대한 정확한 이해를 통해 주어진 문장을 빠르게 읽고 듣는 연습을 해야 합니다.

정확한 발음의 어휘를 충분히 습득하지 못했다

말하기, 듣기가 어느 정도까지는 향상되다가도 더 이상 늘지 않는 이유는, 아직도 영어 단어와 숙어 등의 정확한 발음을 모르는 경우가 많기 때문입니다. 말하기와 듣기를 잘하기 위해서는 영어 어휘의 정확한 발음을 아는 것이 중요합니다. 되도록이면 영어를 배우기 시작할 때부터 영어 어휘의 정확한 발음을 습득하는 것이 좋습니다. 왜냐하면 학습 초기에 콩글리쉬(Broken English)를 배우면 추후에 잘못된 영어를 머릿속에서 지우는 데 엄청난 시간과 노력을 쏟아야 하기 때문입니다.

영어 발음 잘하기 위한!
이 책 활용법

영어 발음에서 가장 중요한 4가지는 '모음', '자음', '강세', '문장 내 음운 현상'입니다. 이 책에서는 모음, 자음, 강세, 문장 내 음운 현상에 대해 영어와 한글의 유사성 및 차이점을 분석하였습니다. 그런 다음 영어 발음을 더 잘할 수 있도록 하는 관점에서 간단명료하게 발음 원리를 설명하였습니다. 그뿐 아니라 다양한 영어 단어를 예로 들어서 단어(spelling)만 보고도 제대로 된 발음을 할 수 있도록 안내하고 있습니다.

(vowel) 모음

한글에서는 모음이 고정된 음가를 지닙니다. 예를 들어 [아]는 어떤 자음과 결합해도 [ㅏ]라는 음가를 유지합니다. 하지만 영어는 모음의 수 자체가 적습니다. [a], [e], [i] [o], [u]의 5가지 모음으로 다양한 발음을 표기합니다. 그렇다 보니 각 모음이 상황에 따라 다양한 음가를 지닙니다. [a]의 경우만 해도 [에이], [에어~], [애], [아], [오], [어], [이], [으]의 8가지 음가를 가집니다.

또 영어의 특징이 강세가 존재한다는 것인데, 강세의 영향을 받아 같은 모음일지라도 다르게 발음합니다. 특히 [a], [e], [i], [o], [u]가 강세 유무에 따라 강모음과 약모음으로 나뉘어 서로 다르게 발음됩니다. 하지만 영어 내 모음 변화에도 일정한 규칙이 존재합니다. 그러므로 모음의 음가가 단어 내 상황에 따라 변하기는 하지만 규칙이 있다는 것을 이해하면 영어 모음의 발음을 더 쉽게 잘할 수 있습니다.

한편 태생적으로 부족한 모음을 보완하기 위해 자음을 모음으로 차용해서 사용하기도 합니다. 그것이 바로 반모음입니다. 반모음으로 흔히 쓰이는 r과 l의 모음으로서의 특성을 알면 영어 발음을 이해하는 데 큰 도움이 됩니다.

그 외에도 schwa 현상, 반모음 현상 등에 의해 발생하는, 영어의 발음기호에 존재하지 않는 [으]라는 음가에 유의해서 발음하면 원어민의 발음과 더욱 유사하게 됩니다.

(consonant) 자음

영어의 자음 음가는 한글과 유사합니다. 한글과 영어 자음의 커다란 차이점은 한글 자음이 1자음 1음가인 반면에 영어 자음은 1자음 다음가인 경우가 많다는 것입니다. 즉 한글의 ㄱ은 항상 [ㄱ]인 반면에 영어의 g는 상황에 따라 [ㄱ] 또는 [ㅈ]로 발음됩니다. 영어 자음은 한글에 존재하지 않는 [f], [r], [th], [v] 등을 유성음, 무성음 구분하여 발음할 수 있는 정도면 충분하다고 판단됩니다. 다만 영어 자음을 발음할 때 '비슷한 음가의 자음은 서로 닮으려는 성질이 있다'는 점에 유의해야 합니다. [p]와 [b], [f]와 [v], [t]와 [d], [s]와 [z] 등이 서로를 닮으려는 성질을 가지고 있습니다. 따라서 문장 내에서 2개의 동일한 자음이나 유사한 음가의 자음이 연이어 있으면 반드시 뒤에 있는 자음의 음가만을 발음해야 합니다. 미국식 영어 발음의 특징인 [d], [t]의 flap 현상([ㄷ], [ㅌ] 음가가 [ㄹ]로 변하는 것)은 강세의 유무, 주변 모음과의 관계에 의해 발생합니다. 따라서 이러한 현상을 정확히 이해한다면 듣기, 말하기에서 미국식 영어를 이해하는 데 큰 도움이 됩니다.

accent (강세)

영어를 듣거나 말하다 보면 마치 음악처럼 소리의 고저를 느끼게 됩니다. 한글과 비교해서 가장 큰 차이점이 영어에는 강세가 존재한다는 것입니다. 강세가 존재하지 않는 한글을 사용하는 우리가 강세를 이해한다는 것은 상당히 어려운 일입니다. 실제로 영어 문장은 기능어(function)와 내용어(content)로 구분되는데, 의미를 전달하는 데 필요한 것은 모두 내용어에 존재합니다. 따라서 내용어를 이해해야 듣기와 말하기가 쉬워집니다. 내용어를 구성하는 품사는 명사, 형용사, 동사, 부사입니다. 이들의 특징은 모두 강세가 존재한다는 것입니다. 내용어에서 강세는 무작위로 위치하지 않습니다. 명사와 동사에서 강세는 흔히 명전동후, 즉 명사에서는 앞쪽 모음에, 동사에서는 뒤쪽 모음에 위치한다고 합니다. 또 명사, 동사, 형용사를 중심으로 단어 내 접미사에 의해 강세의 위치가 결정되기도 하고, 강세가 모음의 발음에 영향을 끼치기도 하므로 이를 체계적으로 이해하여 내용어의 발음을 정확히 숙지해야 합니다. 그러면 정확한 영어 발음을 하는 데 큰 도움을 받을 수 있습니다.

phonology (문장 내 음운 현상)

한글과 영어의 음운 현상은 상당히 유사합니다. 한글과 마찬가지로 영어도 쓰여 있는 문장 그대로 발음되지 않습니다. 예를 들어 "민우야, 같이 자장면 먹는 거 곤란하니?"는 실제로는 "미누야, 가치 짜장면 멍는 거 골란하니?"라고 발음됩니다. 연음법칙, 구개음화, 경음화, 자음접변 등의 음운 현상 때문입니다.

영어에서도 이러한 음운 현상이 일어납니다. 예를 들어 "What do you want to drink, wine or beer?"라는 문장은 "웥 두유 원트 투 드링크 와인 오아 비어?"로 발음되는 것이 아니라 자음동화, 플랩 현상, 연음법칙, 구개음화 등이 적용되어 "워루유워'너 즈링'와'이너~비'어~?"로 발음됩니다.

그러므로 영어의 음운 현상을 정확히 이해하고 나서 문장을 소리 내어 읽으면 영어 말하기와 듣기가 크게 수월해집니다.

노트처럼 쉽고 간단명료한!
이 책의 구성

영어 발음에서 가장 중요한 '모음', '자음', '강세', '발음 현상'을 4단계로 나누어 차근차근 설명해 줍니다. Step 1에서는 모음을 제대로 발음하기 위한 원리 11가지, Step 2에서는 자음을 제대로 발음하기 위한 원리 4가지, Step 3에서는 강세에 따라 달라지는 발음 원리 6가지, Step 4에서는 문장 내 음운 변화 6가지를 다룹니다. 이 책에 나오는 27가지의 발음 원리를 모두 익히면 여러분의 영어 듣기와 말하기 실력이 크게 향상될 것입니다.

❶ 각 발음 원리는 다음과 같은 형식으로 시작됩니다. 먼저 "cake, take, cable, fable에서 a는 [에이]"라고 소리 낸다고 보여 주면서 복모음 발음 원리를 설명합니다. "cake, take, cable, fable" 하고 소리 내어 따라 읽는 것만으로도 모음의 발음 원리가 보이는 듯합니다.

---

1   cake, take, cable, fable에서 a는 [에이]

강세가 있는 **복모음**. -모음´+자음+e(le)로 끝나는 대부분의 단어에서 강세가 있는 모음은 각 모음의 복모음으로 발음합니다.

단어의 마지막 철자가 e(le)이고 그 앞 음절의 모음 a에 강세가 있으면, 즉 –á+자음+e(le)로 끝나는 단어이면 -á를 복모음 [에´이]로 발음합니다.

cáke
케익

→ 자음
→ 마지막 철자

❷ 발음 원리가 적용된 단어들을 큰 소리로 읽습니다. 그리고 그 소리를 어려운 영어식 발음기호 대신에 우리에게 익숙하고 쉬운 한글로 옮겨 봅니다. 이 연습을 계속하다 보면 발음 원리를 외우게 되는 것은 물론 더 정확한 영어 발음을 할 수 있게 됩니다.

그런 다음 문장에서 그 단어들이 어떻게 발음되는지 가려듣는 연습을 합니다. 한 번, 두 번, 세 번…, 말하기와 듣기는 반복 훈련이 중요합니다.

참, 큰 소리로 읽기 연습을 할 때는 'MP3 오디오 파일'을 함께 들으세요. 원어민이 발음하는 그대로 따라 읽으면 자칫 잘못된 발음을 하는 가능성은 더욱 줄어들겠지요.

큰 소리로 읽어 보세요 (빈칸 채우기)

- ace [éis 에′이씨]
- fake [féik 프헤′익]
- able [éibl 에′이블]
- table [téibl 테′이블]

- cane [kéin 케′인]
- tape [téip 테′잎]
- cable [kéibl 케′이블]
- maple [méipl 메′이쁠]

- blade [bléid _____]
- inflame [infléim _____]
- enable [inéibl _____]
- stable [stéibl _____]

- educate [édʒukèit _____]
- behave [bihéiv _____]
- cradle [kréidl _____]
- staple [stéipl _____]

문장에서 가려들어 보세요 (색칠된 단어)

The sugar is made from sugar cane.
There are two pieces of cake on the table.
I like almond.
Calm down, please. Do not argue anymore!

❸ '여기서 잠깐' 코너와 '헷갈리기 쉬워요' 코너가 있습니다. 매번 나오는 것은 아닙니다. 특별히 주의해야 할 발음의 변화나 헷갈리기 쉬운 발음을 설명해 줍니다. 여기서도 'MP3 오디오 파일'과 함께 제대로 된 발음을 익히세요.

👋 **여기서 잠깐**

i+자음+모음'인 경우에 어원 단어인 **명사의 강세가 i**에 있으면 i는 복모음으로 발음합니다. 그 명사에 형용사형 접미사가 붙어서 형용사가 된 경우에는 강세의 위치가 변하므로 어원의 i 모음에 쉬key 현상이 일어나 [으]로 발음해야 하지만 **복모음**으로도 발음할 수 있습니다.

- (명) finance [fáinæns 프하`이낸`씨]
  (형) financial [finǽnʃəl, fai- 프하이낸'쉬얼, 프흐낸'쉬얼]
- (명) irony [áiərə-
  (형) ironical [ai-
- (명) Titan [táitn
  (형) titanic [taitǽ-
- (명) pirate [páiə-
  (형) piratical [p-

👀 **헷갈리기 쉬워요! bed와 bad**

[에]와 [애] 발음을 구분해서 듣는 연습을 해 보세요. 앞에서 말한 대로 æ는 우리말의 [에]와 발음이 같은 e보다 입을 좌우로 크게 벌리고 입 모양은 [이]로 하고 [애]라고 발음합니다. 유성음으로 끝나는 경우에는 단모음을 장음처럼 길게 발음합니다. 처음에는 상당히 어색하지만 연습하다 보면 익숙해진답니다. 거울을 보며 연습해 보세요.

에 [e]
- pen [pén 페'엔]
- kettle [kétl 케'를]
- bet [bét 벹']
- bed [béd 베'엔]
- peck [pék 펰']
- beg [bég 베'엑]

애 [æ]
- pan [pǽn 패'앤]
- cattle [kǽtl 캐'를]
- bat [bǽt 뱉']
- bad [bǽd 배'앧]
- pack [pǽk 퍀']
- bag [bǽg 배'액]

④ 저자가 미국 유학 시절에 영어 발음을 잘못해서 난감한 상황에 처했던 이야기, 또 영어권 사람들을 만나 대화하면서 발음 때문에 겪었던 당혹스러운 이야기를 만화와 함께 들려주는 '발음 때문에 대략난감!' 코너입니다. 저자는 우습지만 웃지만은 못할 에피소드를 통해 콩글리쉬 발음과 잉글리쉬 발음의 차이를 쉽고 명확하게 짚어 줍니다.

⑤ 자, 영어 단어의 발음 원리를 익히고 읽기, 듣기 단계를 다 밟았다면 이제부터는 영어 문장 읽기 연습을 합니다. 'MP3 오디오 파일'을 준비하고 listen carefully! 발음에 유의해서 들으세요. 문장 내 음운의 변화에도 주의를 기울이세요. 한 번, 두 번, 세 번…, 체크를 해 가면서 여러 번 반복해서 들으세요. 반복 훈련이 중요하단 건 두말 안 해도 다 아시지요!

⑥ '부록' 편에는 이 책에 나온 주요 단어들의 뜻과 영어식 발음 표기, 한글 발음 표기를 명기해 놓았습니다. 부록이라고 그냥 건너뛰지 말고, 영어 단어도 익히고 발음도 익혀 보세요. 여러분의 영어 실력이 크게 향상될 겁니다.

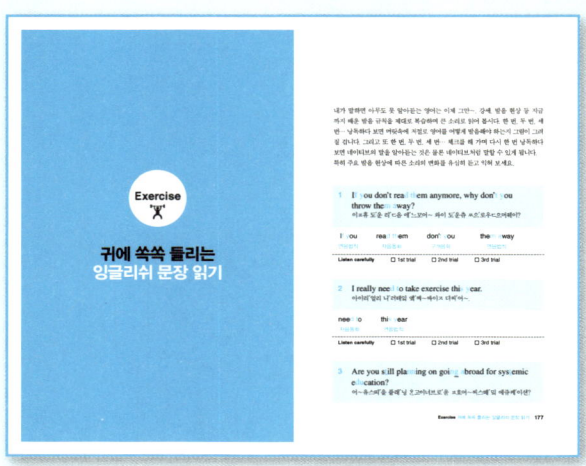

● 이 책의 MP3 오디오 파일은 도서출판 부키 홈페이지 bookie.co.kr 'MP3 자료실'에서 가입 절차 없이 무료로 내려받기가 가능합니다.

발음 공부에 앞서!
기본 용어 살펴보기

단모음 1개의 음절이며 모음 소리의 지속 시간이 짧습니다. 영어의 a, e, i, o, u에서 유래한 æ[애], a[아], ɔ[오], e[에], ʊ[우], ʌ[어ㅏ]([어]와 [야]의 중간 발음), i[이], u[우], ə[어], [으]를 단모음으로 발음합니다.

복모음 2개의 음절이며 서로 다른 모음이 존재합니다. 영어의 a, e, i, o, u에서 유래한 ei[에이], er[에어~], i:[이이], ir[이어~], ai[아이], air[아이어~], ou[오우], ɔr[오어~], ju[유우], u:[우우], jur~[유어~]를 복모음으로 발음합니다.

이중모음 1개의 음절에 2개의 모음이 동시에 존재하는 형태입니다. 한글의 [ㅑ], [ㅕ], [ㅛ], [ㅠ], [ㅘ], [ㅟ], [ㅝ], [ㅖ] 등에 해당하는 발음으로서 영어의 특정 자음에서 발생하며 이중모음으로 발음합니다.

연모음 영어 단어 내에서 2개의 모음이 연속적으로 존재하는 형태입니다. ai(ay), ao, ea, ee, ei(ey), eo, ia, ie, io, oa, oe, oi(oy), ua, ue, ui 등이 존재하며 앞모음에 강세가 존재하면 주로 앞모음의 복모음으로 발음합니다.

반모음(유사모음) 알파벳 내에서는 자음으로 분류되는 글자이지만 발음이 모음이므로 주위의 발음 현상에 영향을 끼치는 철자를 반모음(유사모음)이라 하며 모음과 자음의 2가지 성격을 동시에 지니고 있습니다. l, r, w, y가 반모음에 해당됩니다.

경음화(fortis) 현상 영어의 c, k, p, q, t, ch과 같은 격음 성질을 지닌 자음의 경우에 주위의 특정 자음 및 강세가 있는 모음 유무에 따라 발음의 편의성을 위해 경음인 [ㄲ], [ㄸ], [ㅃ]로 발음합니다.

플랩(flap) 현상 미국 영어에서 주로 발생하는 현상입니다. 자음 d, t의 경우에 모음과 모음 사이에서 d, t를 포함하는 음절의 모음에 강세가 없으면 [ㄷ], [ㅌ] 발음을 [ㄹ]로 변화하여 발음합니다.

차례

- 오렌지? 어륀쥐? 콩글리쉬 발음을 잉글리쉬 발음으로 5
- 우리는 왜 말하기와 듣기에서 약한 모습을 보일까 7

- 영어 발음 잘하기 위한! 이 책 활용법 9
- 노트처럼 쉽고 간단명료한! 이 책의 구성 12

- 발음 공부에 앞서! 기본 용어 살펴보기 17

Step 1 모음만 잡아도 80%는 들린다

발음 원리 1	a에서는 먼저 [에]와 [애]를 구별하세요	22
발음 원리 2	e는 [에] 소리만 나는 게 아니라고요	32
발음 원리 3	kite와 kit – i 발음 잡기	40
발음 원리 4	오렌지? 어륀쥐? o 때문에 대략난감	47
발음 원리 5	u는 [우]가 아니에요	54
발음 원리 6	단어 내에 2개의 모음이 연속으로 존재해요	61
발음 원리 7	모음의 기능을 하는 자음이 존재해요	66
발음 원리 8	강세가 없는 모음은 약하게 발음해야 해요	74
발음 원리 9	영어 단어에는 e(le)로 끝나는 단어가 많아요	78
발음 원리 10	단어 내에 2개의 자음이 연속으로 존재해요	82
발음 원리 11	단어 내에 1개의 모음만 존재해요	85

Step 2 알 듯 말 듯 쉽고도 어려운 자음

발음 원리 12	단음 자음은 발음이 하나만 존재해요	90
발음 원리 13	1개 이상의 음가를 가진 자음들	99
발음 원리 14	혀 굴리는 소리라고요? 플랩 현상을 모르시는군요	104
발음 원리 15	h를 이용해 자음을 만들어 내요	108

Step 3 강세를 알아야 진정한 영어 고수

발음 원리 16	명사형 접미사로 강세의 위치를 알아내요	116
발음 원리 17	동사형 접미사로 강세의 위치를 알아내요	121
발음 원리 18	어원의 강세와 동일한 형용사형 접미사	124
발음 원리 19	접미사 직전의 모음에 강세가 존재하는 형용사형 접미사	128
발음 원리 20	접미사의 2번째 앞 모음에 강세가 존재하는 형용사형 접미사	131
발음 원리 21	접미사를 포함한 음절 앞의 철자에 따라 강세의 위치가 변해요	138

Step 4 발음 현상만 알아도 입과 귀가 트인다

발음 원리 22	비슷한 자음끼리 발음이 동화돼요	154
발음 원리 23	상황에 따라 d, t 발음이 변화해요	157
발음 원리 24	자연스럽게 연음으로 발음하세요	160
발음 원리 25	경음을 사용해 억센 발음을 하세요	163
발음 원리 26	자음을 생략하고 발음해요	168
발음 원리 27	반모음 r의 위치가 바뀌어 발음돼요	172

Exercise 귀에 쏙쏙 들리는 잉글리쉬 문장 읽기 176   **부록** 영어 단어_ 단어 외우고! 발음 익히고! 192

Step 1

모음만 잡아도
80%는 들린다

다양한 모음이 있는 한글과 달리 영어는 a, e, i, o, u의 5개 기본 모음이 다양하게 발음됩니다. 특히 강세(accent)의 유무에 따라 발음을 달리합니다.
이 장에서는 강세의 유무에 따라 다양하게 발음되는 모음들의 공통적인 특성을 분석했으며, 모음 발음 표기에는 없는 [으]를 넣어 발음 표기의 정확도를 높였습니다. 또 유사모음(반모음)으로 불리는 자음이 상황에 따라 모음처럼 발음되는 현상을 다루었습니다.

발음 원리

1

a에서는
먼저 [에]와 [애]를
구별하세요

1 cake, take, cable, fable에서 a는 [에이]

강세가 있는 **복모음**. -모음´+자음+e(le)로 끝나는 대부분의 단어에서 강세가 있는 모음은 각 모음의 복모음으로 발음합니다.

단어의 마지막 철자가 e(le)이고 그 앞 음절의 모음 a에 강세가 있으면, 즉 -á+자음+e(le)로 끝나는 단어이면 -á를 복모음 [에′이]로 발음합니다.

큰 소리로 읽어 보세요 (빈칸 채우기)

- ace [éis 에′이씨]
- fake [féik 프헤′익]
- able [éibl 에′이블]
- table [téibl 테′이블]

- cane [kéin 케′인]
- tape [téip 테′잎]
- cable [kéibl 케′이블]
- maple [méipl 메′이쁠]

- blade [bléid _____]
- inflame [infléim _____]
- enable [inéibl _____]
- stable [stéibl _____]

- educate [édʒukèit _____]
- behave [bihéiv _____]
- cradle [kréidl _____]
- staple [stéipl _____]

문장에서 가려들어 보세요 (색칠된 단어)

The sugar is made from sugar cane.
There are two pieces of cake on the table.

2   care, dare, square에서 ar은 [에어~]

강세가 있는 **변형된 복모음**. 자음 대신에 반모음 r로 대치되어 –모음´+r(반모음)+e 로 끝나는 단어에서 강세가 있는 모음은 각 모음의 변형된 복모음으로 발음합니다. 단어의 마지막 철자가 e이고 그 앞 음절의 모음 a에 강세가 있는 경우, 즉 –á+r(반모음)+e로 끝나는 단어이면, –á가 **반모음** r과 함께 복모음 [**에´어~**]로 발음됩니다.

큰 소리로 은어 보세요 (빈칸 채우기)

- care [kɛ́ər 케´어~]
- dare [dɛ́ər 데´어~]
- bare [bɛ́ər 베´어~]
- fare [fɛ́ər 프헤´어~]

- compare [kəmpɛ́ər _____]
- stare [stɛ́ər _____]
- spare [spɛ́ər _____]
- declare [diklɛ́ər _____]

문장에서 가려들어 보세요 (색칠된 단어)

I do not care about fare.
How dare you stare at me?

3 handicap, gamble, campaign에서 a는 [애]

강세가 있는 **단모음**. **모음´+자음+자음** 또는 **-모음´+자음**으로 끝나는 단어에서 모음은 각 모음의 단모음으로 발음합니다.

단어 내에서 **á+자음+자음**, **a+자음+자음+모음´** 또는 **-á+자음**으로 끝나면 a를 단모음 [애]라고 발음하며 [에] 발음과 혼동하지 않아야 합니다. 입을 좌우로 크게 벌리며 입 모양은 [이]로 하고 [애]라고 발음해야 합니다. 우리에게 익숙한 [에] 발음보다 입을 좌우로 크게 벌리는 것이 중요합니다. **-á+자음**으로 끝나는 단어에서 마지막 자음이 유성음으로 끝나는 경우에는 단모음을 장음처럼 **길게** 발음합니다.

큰 소리로 읽어 보세요 (빈칸 채우기)

- **gamble** [gǽmbl 갬´블]
- **pass** [pǽs 패´쓰]
- **can't** [kǽnt 캔´ㅌ]
- **bat** [bǽt 밷´]
- **cap** [kǽp 캎´]

- **basket** [bǽskit 배´스킽]
- **sample** [sǽmpl 쌤´플]
- **can** [kǽn 캐앤]
- **bag** [bǽg 배´액]
- **ham** [hǽm 해´앰]

- **appetite** [ǽpətàit _____]
- **accentual** [æksént∫uəl _____]
- **narrow** [nǽrou _____]
- **campaign** [kæmpéin _____]

문장에서 가려들어 보세요 (색칠된 단어)

Would you please pass the sugar?

The aim of the campaign is to establish a new research facility.

헷갈리기 쉬워요! bed와 bad

[에]와 [애] 발음을 구분해서 듣는 연습을 해 보세요. 앞에서 말한 대로 æ는 우리말의 [에]와 발음이 같은 e보다 입을 좌우로 크게 벌리고 입 모양은 [이]로 하고 [애]라고 발음합니다. 유성음으로 끝나는 경우에는 단모음을 장음처럼 길게 발음합니다. 처음에는 상당히 어색하지만 연습하다 보면 익숙해진답니다. 거울을 보며 연습해 보세요.

에 [e]
- pen [pén 페′엔]
- kettle [kétl 케′를]
- bet [bét 벹′]
- bed [béd 베′엗]
- peck [pék 펰′]
- beg [bég 베′엑]

애 [æ]
- pan [pǽn 패′앤]
- cattle [kǽtl 캐′를]
- bat [bǽt 뱉′]
- bad [bǽd 배′앧]
- pack [pǽk 팩′]
- bag [bǽg 배′액]

여기서 잠깐

a+자음+r+모음′, a+자음+자음(동음자음)+r+모음′, a+d+자음+모음′처럼 a로 시작되고 a에 강세가 없는 단어인 경우에는 쉬와(schwa) 현상(강세가 있는 음절 주위의 모음이 [어] 또는 [의로 약화되는 현상)에 의해 [어]라고 발음할 수 있습니다.

- abrupt [əbrʌ́pt]　　　　▶ 어브럲′ㅌ
- across [əkrɑ́s]　　　　▶ 어크러′ㅆ
- agree [əgríː]　　　　▶ 어그리′이
- abbreviate [əbríːvièit]　▶ 어브리′이비에`일
- accredit [əkrédit]　　　▶ 어크레′맅
- aggressive [əgrésiv]　　▶ 어그레′씹ㅇ
- approve [əprúːv]　　　▶ 어프루′웁ㅇ
- attribute [ətríbjuːt]　　▶ 어츠리′뷰웉
- adjust [ədʒʌ́st]　　　　▶ 어줘′스ㄸ

- admit [ədmít] ▶ 얻밑′
- advantage [ədvǽntidʒ] ▶ 얻ㅂ애′니쥐

4 harm, park, argue, enlarge에서 a는 [아]

모음′+자음+자음 또는 -모음′+자음의 변형된 형태로서 자음 대신에 반모음 r로 대치되어 **모음+r(반모음)+자음** 또는 **-모음+r**로 끝나는 단어인 경우 모음을 **단모음**으로 발음합니다.

우리가 자주 착각하는 모음 a의 발음으로서 실제로 영어에서는 제한적으로 사용됩니다. 주로 a′+r(반모음)+자음인 단어, -a′+r 또는 -a′+lm으로 끝나는 단어의 경우 a의 발음을 단모음 [아]로 발음합니다.

큰 소리로 읽어 보세요 (빈칸 채우기)

- army [áːrmi 아′어~미]
- bar [bάːr 바′어~]
- calm [kάːm 카′음]
- cart [kάːrt 카′어~ㅌ]
- park [pάːrk 파′어~ㅋ]
- palm [pάːm 파′음]

- argue [άːrgju _____]
- architect [άːrkətèkt _____]
- garbage [gάːrbidʒ _____]
- enlarge [inlάːrdʒ _____]

문장에서 가려들어 보세요 (색칠된 단어)

I like almond.
Calm down, please. Do not argue anymore!

5 talk, call, stalk에서 a는 [오]

단어 내 **a´+l+자음**의 경우에 반모음 l의 영향을 받아 자주 발생하며 a의 발음을 한글의 **[오]** 발음과 유사하게 합니다.

큰 소리로 읽어 보세요 (빈칸 채우기)

- call [kɔ́:l 코´을]
- tall [tɔ́:l 토´을]
- false [fɔ́:ls 포ㅎ´으씨]

- fall [fɔ́:l 포ㅎ´을]
- stalk [stɔ́:k 스또´윽]
- bald [bɔ́:ld 보´을]

- already [ɔ:lrédi _____]
- install [instɔ́:l _____]

- alternate [ɔ́ltərnèit _____]
- recall [rikɔ́:l _____]

문장에서 가려들어 보세요 (색칠된 단어)

Were you able to talk to him?
Call me as a best football player in this club.

6 arena, addiction, particular에서 a는 [어]

쉬와 현상은 영어 발음의 특징 중 하나로 강세가 있는 모음 음절 **전후의 모음**이 약화되어 [어] 또는 [으]로 발음되는 현상입니다.

a+자음+모음′, 모음′+자음+a, a+자음+자음(동음자음, 음이 같은 2개의 연속자음)+모음′, 또는 모음′+자음+자음(동음자음)+a와 같이 강세가 있는 음절의 전후 음절에 a가 존재할 때 쉬와 현상에 의해 단모음 [어]로 발음합니다. 또한 a+r인 경우에 a에 강세가 없으면 [어]로 발음합니다.

큰 소리로 읽어 보세요 (빈칸 채우기)

- **a**bandon [əbǽndən 어뺀′던]
- **a**rrival [əráivəl 어라′이버얼]
- **a**rena [ərí:nə 어리′이너]
- b**a**lance [bǽləns 밸′런쓰]
- dilemm**a** [dilémə _____]
- **a**ddition [ədíʃən _____]
- p**a**rticular [pərtíkjulər _____]
- **a**ccommod**a**te [əkámədèit _____]

문장에서 가려들어 보세요 (색칠된 단어)

He is above me in rank.
In addition to his ability, he has an excellent academic career.

7 necklace, surface, certificate에서 a는 [이]

-a+자음+e로 끝나는 단어에서 a에 강세가 없는 경우에 -a의 발음을 복모음 [에이] 대신에 단모음 [이]로 변화시켜 발음합니다.

큰 소리로 읽어 보세요 (빈칸 채우기)

- necklace [néklis 네′끌리ㅆ]
- palace [pǽlis 팰′리ㅆ]
- surface [sə́ːrfis 써′~프히ㅆ]
- passage [pǽsidʒ 패′씨쥐]

- baggage [bǽgidʒ _____]
- certificate [sərtífikət _____]
- accurate [ǽkjurət _____]
- separate [sépərit _____]

문장에서 가려들어 보세요 (색칠된 단어)

Add chocolate chips and mix well.
Attach passage tags on the surface of your baggage.

8 political, digital, signal에서 a는 [으]

자음+al로 끝나는 단어에서 a에 강세가 없는 경우에 a를 [으]로 발음합니다.

큰 소리로 읽어 보세요 (빈칸 채우기)

- animal [ǽnəməl 애′느믈]
- digital [dídʒətl 디′쥐를]
- coastal [kóustəl 코′우스뜰]
- musical [mjúːzikəl 뮤′우즈끌]
- signal [sígnəl 씨′글]
- clinical [klínikəl 클리′느끌]

- political [pəlítikəl _____]
- journal [dʒə́ːrnl _____]
- skeletal [skélətl _____]
- parental [pəréntl _____]
- original [ərídʒənl _____]
- principal [prínsəpəl _____]

문장에서 가려들어 보세요 (색칠된 단어)

The newest digital cameras are selling like hot cakes.
Who is the original inventor of that fantastic musical?

발음 원리

2

e는
[에] 소리만 나는 게
아니라고요

1. ameba, athena, complete, theme에서 e는 [이′이]

강세가 있는 **복모음**. -모음′+자음+e(le)로 끝나는 대부분의 단어에서 강세가 있는 모음은 각 모음의 복모음으로 발음합니다.

단어의 마지막 철자가 e(le), a, o이고 그 앞 음절의 모음 e에 강세가 있으면, 즉 -e′+자음+e(a, o)이면 -e′를 복모음 [이′이]로 발음합니다.

큰 소리로 읽어 보세요 (빈칸 채우기)

- eureka [juərí:kə 유리′이꺼]
- ego [í:gou 이′이고우]
- gene [dʒí:n 쥐′인]
- arena [ərí:nə 어리′이너]
- edema [idí:mə 으디′이머]
- theme [θí:m 쓰이′임]

- compete [kəmpí:t _____]
- Athena [əθí:nə _____]
- delete [dilí:t _____]
- placebo [pləsí:bou _____]

문장에서 가려들어 보세요 (색칠된 단어)

Identify genes unique in the ameba.
Swimmers compete for gold medals at the arena.

2 here, mere, sphere, chimera에서 er은 [이어~]

강세가 있는 **변형된 복모음**. 자음 대신에 반모음 r로 대치되어 –모음´+r(반모음)+e로 끝나는 단어에서 강세가 있는 모음은 각 모음의 변형된 복모음으로 발음합니다. 단어의 마지막 철자가 a, e, o이고 그 앞 음절의 모음 e에 강세가 있으면, 즉 –e´+r(반모음)+e(a, o)로 끝나면, –e´가 반모음 r과 함께 복모음의 발음이 변형되어 [이´어~]로 발음합니다.

큰 소리로 읽어 보세요 (빈칸 채우기)

- era [íərə 이´어~러]
- mere [míər 미´어~]
- sphere [sfíər _____]
- chimera [kimíərə _____]

- hero [híərou 히´어~러]
- sincere [sinsíər 씬씨´어~]
- interfere [intərfíər _____]
- severe [səvíər _____]

문장에서 가려들어 보세요 (색칠된 단어)

Do not interfere into a mere child feud.
Sincere attitude is required in this era.

3   essay, ebb, neck에서 e는 [에]

강세가 있는 **단모음**. 모음′+자음+자음 또는 –모음′+자음으로 끝나는 단어에서 강세가 있는 모음은 각 모음의 단모음으로 발음합니다.

단어 내에서 e′+자음+자음 또는 –e′+자음으로 끝나면 e를 한글에서의 단모음 [에′]라고 자연스럽게 발음하며, [애] 발음과 혼동하지 않아야 합니다. –e′+자음으로 끝나는 단어에서 마지막 자음이 유성음으로 끝나는 경우에는 단모음을 장음처럼 **길게** 발음합니다.

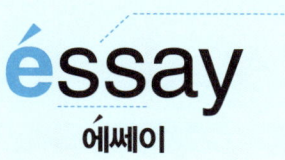

자음 2개

éssay
에쎄이

큰 소리로 읽어 보세요 (빈칸 채우기)

- **e**bb [éb 엡′]
- n**e**ck [nék 넼′]
- b**e**d [béd 베′엗]
- b**e**g [bég 베′엑]

- p**e**pper [pépər 페′뻐~]
- ag**e**nda [ədʒéndə 어쥍′더]
- b**e**t [bét 벹′]
- st**e**m [stém 스떼′엠]

- **e**fficacy [éfikəsi _____]
- **e**scalate [éskəlèit _____]

- c**o**rrect [kərékt _____]
- m**e**ssage [mésidʒ _____]

문장에서 가려들어 보세요 (색칠된 단어)

Correct any wrong writing in your essay.
I bet you the price will be escalating until next year.

4 escape, example, employ에서 e는 [이]

강세가 있는 모음이 후음절에 있는 경우, 특히 e+자음+자음(이음자음, 음이 서로 다른 2개의 연속자음)+모음'인 경우에 강세가 없는 e가 단모음 [이] 발음으로 약화됩니다.

자음 2개

큰 소리로 읽어 보세요 (빈칸 채우기)

- example [igzǽmpl 익잼'플]
- despite [dispáit 디스빠'잍]
- engage [ingéidʒ 인게'이쥐]

- excuse [ikskjú:z 익쓰뀨'우즈]
- degree [digríː 디그리'이]
- employ [implói 임플로'이]

- declare [diklέər _____]
- describe [diskráib _____]
- decline [dikláin _____]
- embargo [imbáːrgou _____]

문장에서 가려들어 보세요 (색칠된 단어)

Do not escape from reality.
We expect that they will declare the peace talk in a month.

5. mercy, term, energy에서 er은 [어~]

모음′+자음+자음 또는 –모음′+자음이 변형된 형태로, 자음 대신에 반모음 r로 대치되어 모음+r(반모음)+자음 또는 –모음+r로 끝나는 단어인 경우 모음을 단모음으로 발음합니다.

단모음 [어]이며 단어 내의 e+r+자음 또는 –e+r로 끝나는 단어인 경우 e의 발음을 반모음 r과 함께 [어~]로 발음합니다.

큰 소리로 읽어 보세요 (빈칸 채우기)

- term [təːrm 터′~ㅁ]
- energy [énərdʒi 에′너~쥐]
- number [nʌ́mbər 넘′버~]
- terminate [tə́ːrmənèit _____]
- perception [pərsépʃən _____]
- merge [məːrdʒ 머′~쥐]
- anger [ǽŋgər 앵′거~]
- cancer [kǽnsər 캔′써~]
- concern [kənsə́ːrn _____]
- emerge [iməːrdʒ _____]

문장에서 가려들어 보세요 (색칠된 단어)

The merge of two companies will be finished in a short term.
Anger is a common sign of cancer patients.

6. delicious, open, terrific에서 e는 [으]

영어 발음의 특징 중 하나로 강세가 있는 모음 음절 **전후의 모음**이 약화되어 [어] 또는 [으]로 발음되는 쉬와 현상입니다.

단어 내에서 e+자음+모음′, 모음′+자음+e, e+자음+자음(동음자음)+모음′, 또는 모음′+자음+자음(동음자음)+e와 같이 강세가 있는 음절의 전후 음절에 e가 존재할 때 쉬와 현상에 의해 단모음 [으]로 발음합니다.

큰 소리로 읽어 보세요 (빈칸 채우기)

- open [óupən 오′우쁜]
- label [léibəl 을*레′이블]
- happen [hǽpən 해′쁜]
- delay [diléi 들레′이]
- enemy [énəmi 에′느미]
- tunnel [tʌ́nl 터′늘]

- delicious [dilíʃəs _____]
- terrific [tərífik _____]
- essential [isénʃəl _____]
- selection [silékʃən _____]

문장에서 가려들어 보세요 (색칠된 단어)

Those delicious foods stimulate my appetite.
Selection of elite students is essential for being a good academy.

---

* 소리는 내지 않으면서 입 모양을 '을'을 발음할 때와 같게 한다. (이 책에서는 이러한 경우 위와 같이 흐린 글자로 표기함)

7. make, price, cute에서 e는 발음하면 안 돼요

모음´+자음+e로 끝나는 단어인 경우에 단어 끝에 존재하는 e는 발음되지 않는 묵음입니다. 대신에 마지막 철자 e 앞의 모음은 주로 **복모음**으로 발음합니다.

큰 소리로 읽어 보세요 (빈칸 채우기)

- make [méik 메´익]
- scene [sí:n 씨´인]
- price [práis 프라´이씨]
- smoke [smóuk 스모´욱]
- produce [prədjú:s 퍼~듀´우씨]

- escalate [éskəlèit _____]
- complete [kəmplí:t _____]
- satellite [sǽtəlàit _____]
- remote [rimóut _____]
- cute [kjú:t _____]

문장에서 가려들어 보세요 (색칠된 단어)

We will produce only a low price satellite.
We can see the scene of smoking in the remote area with naked eye.

발음 원리

3

kite와
kit –
i 발음 잡기

1 kite, nice, sign에서 i는 [아ʹ이]

강세가 있는 **복모음**. **-모음ʹ+자음+e(le)**로 끝나는 대부분의 단어에서 강세가 있는 모음은 각 모음의 복모음으로 발음합니다.

단어의 마지막 철자가 **e(le)**이고 그 앞 음절의 모음 –i에 강세가 있으면, 즉 **–iʹ+자음+e(le)**로 끝나는 단어인 경우에 –iʹ를 복모음 **[아ʹ이]**로 발음합니다. 또한 iʹ+**자음**+**자음**으로 끝나면서 자음 중에 묵음(이 책에서는 묵음인 알파벳에 검은색 밑줄 표기함)인 자음이 존재하거나 –ind로 끝나면 i를 복모음 **[아ʹ이]**로 발음합니다.

큰 소리로 읽어 보세요 (빈칸 채우기)

- nice [náis 나ʹ이ㅆ]
- price [práis 프라ʹ이ㅆ]
- sign [sáin 싸ʹ인]
- night [náit 나ʹ일]

- smile [smáil 스마ʹ이얼]
- title [táitl 타ʹ이럴]
- right [ráit 라ʹ일]
- blind [bláind 블라ʹ인]

- polite [pəláit _____]
- compile [kəmpáil _____]
- align [əláin _____]
- paradigm [pǽrədàim _____]

- combine [kəmbáin _____]
- collide [kəláid _____]
- climb [kláim _____]
- behind [biháind _____]

문장에서 가려들어 보세요 (색칠된 단어)

Smiling is the best way of being polite.
Some birds are flying at night time.

2 tire, hire, wire에서 ir은 [아이어~]

강세가 있는 **변형된 복모음**. 자음 대신에 반모음 r로 대치되어 –모음´+r(반모음)+e로 끝나는 단어에서 강세가 있는 모음은 각 모음의 변형된 복모음으로 발음합니다. 단어의 마지막 철자가 e이고 그 앞 음절의 모음 –i에 강세가 있는 경우, 즉 –i´+r(반모음)+e로 끝나는 단어이면, –i´가 반모음 r과 함께 복모음 발음이 변형되어 [아´이어~]로 발음합니다.

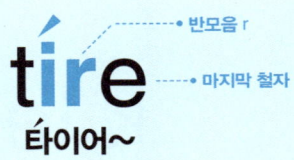

큰 소리로 읽어 보세요 (빈칸 채우기)

- hire [háiər 하´이어~]
- wire [wáiər 우와´이어~]
- admire [ədmáiər 얻마´이어~]
- fire [fáiər 프하´이어~]
- retire [ritáiər 르타´이어~]
- desire [dizáiər 드자´이어~]

- entire [intáiər _____]
- require [rikwáiər _____]
- inspire [inspáiər _____]
- acquire [əkwáiər _____]

문장에서 가려들어 보세요 (색칠된 단어)

He has no desire to do something after retirement.
He was fired entirely due to his own fault.

3 click, trick, stick에서 i는 [이]

강세가 있는 **단모음**. 모음′+자음+자음 또는 –모음′+자음으로 끝나는 단어에서 강세가 있는 모음은 각 모음의 단모음으로 발음합니다.

단어 내에서 i′+자음+자음, i+자음+자음(이음자음)+모음′, –i′+자음으로 끝나면 i를 단모음 [이]로 발음합니다. –i′+자음으로 끝나는 단어에서 **마지막 자음**이 **유성음**으로 끝나는 경우에는 단모음을 장음처럼 **길게** 발음합니다.

큰 소리로 읽어 보세요 (빈칸 채우기)

- click [klík 클릭′]
- issue [íʃuː 이′쓔우]
- bit [bít 빝′]
- kit [kít 킽′]

- ticket [tíkit 티′낕]
- missile [mísəl 미′쓸]
- bid [bíd 비′읻]
- kid [kíd 키′읻]

- induce [indjúːs _____]
- incline [inkláin _____]

- inspire [inspáiər _____]
- significant [signífikənt _____]

문장에서 가려들어 보세요 (색칠된 단어)

Click the icon to get an online ticket.
Kids are significantly inspired after playing with this kit.

4 confirm, girl, dirty에서 ir은 [어~]

모음′+자음+자음 또는 –모음′+자음의 변형된 형태로 자음 대신에 반모음 r로 대치되어 모음+r(반모음)+자음 또는 –모음+r로 끝나는 단어인 경우 모음을 **단모음**으로 발음합니다.

i+r+자음 또는 –i+r로 끝나는 단어인 경우 i의 발음을 반모음 r과 함께 **[어~]**로 발음합니다.

큰 소리로 읽어 보세요 (빈칸 채우기)

- girl [gə́:rl 거′~ㄹ]
- dirty [də́:rti 더′~리]
- sir [sə:r 써′~]

- stir [stə:r 스떠′~]
- skirt [skə́:rt 스꺼′~ㅌ]
- third [θə́:rd 쓰어′~ㄷ]

- circle [sə́:rkl _____]
- first [fə́:rst _____]

- confirm [kənfə́:rm _____]
- whirl [hwə́:rl _____]

문장에서 가려들어 보세요 (색칠된 단어)

Birds are whirling round a circular tower.
Girls should be very cautious of their dirty skirt.

5 animal, family, luckily에서 i는 [으]

영어 발음의 특징 중 하나로 강세가 있는 모음 음절 **전후의 모음**이 약화되어 [어] 또는 [으]로 발음되는 쉬와 현상이 있습니다.

강세가 있는 음절이 옆에 있는 경우, 즉 i+자음+모음´, 모음´+자음+i, i+자음+자음(동음자음)+모음´, 모음´+자음+자음(동음자음)+i와 같이 강세가 있는 음절의 전후 음절에 i가 존재할 때 쉬와 현상에 의해 단모음 [으]로 발음합니다.

큰 소리로 읽어 보세요 (빈칸 채우기)

- animal [ǽnəməl 애´느믈]
- family [fǽməli 패´르믈리]
- luckily [lʌ́kili 을러´끌리]
- holiday [hɑ́lədèi 홀´르데`이-]
- military [mílitèri 밀´르테`리]
- directly [diréktli 드레´끌리]

- anniversary [æ̀nəvə́ːrsəri _____]
- diminish [dimíniʃ _____]
- immediate [imíːdiət _____]
- disaster [dizǽstər _____]
- efficacy [éfikəsi _____]
- miraculous [mirǽkjuləs _____]

문장에서 가려들어 보세요 (색칠된 단어)

Our family members must overcome the disaster, immediately.

Luckily, the brand new pill shows miraculous efficacy.

🖐 여기서 잠깐

i+자음+모음′인 경우에 **어원 단어인 명사** 내 i에 강세가 있으면 명사의 **형용사 변화**에 따라 강세의 위치가 변해 쉬와 현상이 일어나도 복모음으로 발음합니다.

- (명) **finance** [fáinæns 프하′이낸`ㅆ]
  (형) **financial** [finǽnʃəl, fainǽnʃəl 프하이낸′쉬얼, 프흐낸′쉬얼]
- (명) **irony** [áiərəni 아′이어~ 니]
  (형) **ironical** [airánikəl, iránikəl 아이라′느끌, 으라′느끌]
- (명) **Titan** [táitn 타′일은*ㅡ]
  (형) **titanic** [taitǽnik, titǽnik 타이태′닉, 트태′닉]
- (명) **pirate** [páiərət 파′이맅]
  (형) **piratical** [pairǽtikəl, pirǽtikəl 파이래′르끌, 프래′르끌]

* ~ 기호는 [어]와는 달리 혀를 목구멍으로 당기면서 [어~]라고 발음하라는 표시이다.
* ㅡ 기호는 [은] 발음과는 달리 콧소리(비음)로 [은ㅡ]이라고 장음처럼 길게 발음하라는 표시이다.

발음 원리

4

오렌지?
어륀쥐?
O 때문에 대략난감

1 aroma, soda, bone에서 o는 [오´우]

강세가 있는 **복모음**. **-모음´+자음**+e(le)로 끝나는 대부분의 단어에서 강세가 있는 모음은 각 모음의 복모음으로 발음합니다.

단어의 마지막 철자가 a 또는 e(le)이고 그 앞 음절의 모음 o에 강세가 있는 경우, 즉 –o´+자음+모음(a, e)로 끝나는 단어 또는 –old, –olt, –oll로 끝나는 단어인 경우에 –o´를 복모음 [오´우]로 발음합니다.

큰 소리로 읽어 보세요 (빈칸 채우기)

- soda [sóudə 쏘´우더]
- bone [bóun 보´운]
- cold [kóuld 코´울]
- poll [póul 포´우을]

- coma [kóumə 코´우머]
- noble [nóubl 노´우블]
- gold [góuld 고´울]
- roll [róul 로´우을]

- probe [próub _____]
- compose [kəmpóuz _____]
- behold [bihóuld _____]
- enroll [inróul _____]

- explode [iksplóud _____]
- diploma [diplóumə _____]
- scold [skóuld _____]
- scroll [skróul _____]

문장에서 가려들어 보세요 (색칠된 단어)

The patient could smell the aroma even in his coma.
The poll showed that majority did not vote due to cold weather.

2 core, morning, orange에서 or은 [오어~]

강세가 있는 **변형된 복모음**. o의 경우에 단어 내의 –o′+r처럼 강세가 있는 o와 반모음 r이 연속해 있으면 반모음 r과 함께 복모음 발음이 변형되어 [오′어~]로 발음합니다.

큰 소리로 읽어 보세요 (빈칸 채우기)

- bore [bɔ́:r 보′어~]
- more [mɔ́:r 모′어~]
- foreign [fɔ́:rən 포호′어~이인]
- morning [mɔ́:rniŋ 모′어~닝]

- story [stɔ́:ri 스또′어~리]
- store [stɔ́:r 스또′어~]
- orange [ɔ́:rindʒ 오′어~언쥐]
- normal [nɔ́:rməl 노′어~믈]

- adore [ədɔ́:r _____]
- deplore [diplɔ́:r _____]
- order [ɔ́:rdər _____]
- endorse [indɔ́:rs _____]

- ignore [ignɔ́:r _____]
- restore [ristɔ́:r _____]
- corporate [kɔ́:rpərət _____]
- portrait [pɔ́:rtreit _____]

문장에서 가려들어 보세요 (색칠된 단어)

The store is located at the core business zone.
Eating an orange in the morning is good for your health.

3 clock, odd, dog에서 o는 [으]

강세가 있는 **단모음**. **모음′+자음+자음** 또는 **–모음′+자음**으로 끝나는 단어에서 강세가 있는 **모음**은 각 모음의 **단모음**으로 발음합니다.

단어 내에서 **o′+자음+자음** 또는 **–o′+자음**으로 끝나면 o를 **단모음** [·]라고 발음하며 입 모양을 [오] 형태로 하면서 [아] 발음을 하며 한글의 **아래아**[·] 소리와 유사합니다. **–o′+자음**으로 끝나는 단어에서 마지막 자음이 유성음으로 끝나면 단모음을 장음처럼 **길게** 발음합니다.

큰 소리로 읽어 보세요 (빈칸 채우기)

- clock [klák 클륵′]
- odd [ád 은′]
- pot [pát 퐅′]
- got [gát 귿′]

- pocket [pákit 프′낕]
- boss [bás 브′씨]
- pod [pád 프′읃]
- God [gád ㄱ′읃]

- opposite [ápəzit _____]
- obstacle [ábstəkl _____]
- common [kámən _____]
- adopt [ədápt _____]

문장에서 가려들어 보세요 (색칠된 단어)

It is not odd that doctors can catch a cold.
You've gotta persuade the opposite members.

4. Olympic, computer, collect에서 o는 [어]

영어 발음의 특징 중 하나로, 강세가 있는 모음 음절 **전후의 모음**이 약화되어 [어] 또는 [으]로 발음되는 쉬와 현상입니다.

단어 내 o에 **강세가 없으면** 쉬와 현상에 의해 단모음 [어]로 발음합니다. 그리고 -o+r+자음 또는 -o+r로 끝나는 단어인 경우 -o에 강세가 없으면 반모음 r과 함께 [어~]라고 발음합니다.

큰 소리로 읽어 보세요 (빈칸 채우기)

- computer [kəmpjúːtər 컴퓨′우러~]
- collect [kəlékt 컬렉′트]
- harbor [háːrbər 하′어~버~]
- oppose [əpóuz 어포′우즈]
- minor [máinər 마′이너~]
- sponsor [spánsər 스뻔′써~]

- combine [kəmbáin _____]
- recognize [rékəgnàiz _____]
- rigor [rígər _____]
- collide [kəláid _____]
- absolute [æbsəlùːt _____]
- censor [sénsər _____]

문장에서 가려들어 보세요 (색칠된 단어)

Our government will sponsor the safety of the Olympic game.
This computer can recognize the fingerprint of its owner.

발음 때문에 대략난감!

orange를 "오렌지"라 하지 못하는 이유   몇 해 전에 대통령 인수위원회 위원장이 미국에서 공부할 때 "오렌지"라고 했더니 못 알아듣고 "어륀지"라고 했더니 알아듣더라고 말해 orange의 정확한 발음을 놓고 설왕설래한 적이 있었다. "오렌지", "아린지", "어린쥐" 등 다양한 발음을 놓고 갑론을박했다.

인텔리전스 마케팅(intelligence marketing) 부서에서 컨설턴트(consultant)로 근무하던 어느 날, 나는 미국 Oregon주에 사는 Market Research Institute 연구소장을 국내의 지능형 전력망(smart grid) 세미나에 연사로 초청하였다. 그를 대동하고 국내의 여러 연구기관을 순회했는데, 식사 시간에 우연히 orange 발음에 대해 얘기하게 되었다. 마침 이 미국인 연사가 미국 서부 Oregon 출신이라서 orange의 정확한 발음을 들려주었다. 모음 o 편에서 본 것처럼 o에 강세가 있고

반모음 r이 존재하므로 or은 [오'어~]로 발음하는 것이 옳다. 또 or 뒤에 있는 a는 쉬와 현상에 의해 [어]로 발음해야 할 것이다. 따라서 orange의 미국식 발음은 [오'어~언쥐]가 옳다. 또한 Oregon의 미국식 발음은 [오'어~으건]이라고 할 수 있다.

나　　How do you pronounce the ORANGE?

연구소장　It is gotta be ORANGE[오'어~언쥐] and I am from OREGON[오'어~으건] State.

 발음 원리

5

u는 [우]가 아니에요

1   cute, cube, produce에서 u는 [유우]

강세가 있는 복모음. u+자음+모음 또는 u+모음+자음처럼 u 이후에 연속한 2개의 철자에서 자음이 1개이면 주로 복모음 [유'우, 우'우]로 발음합니다.

큰 소리로 읽어 보세요 (빈칸 채우기)

- cube [kjúːb 큐'웁]
- crude [krúːd 크루'욷]
- rule [rúːl 루'울]
- cucumber [kjúːkʌmbər 큐'우껌버~]
- produce [prədjúːs 퍼~듀'우쓰]
- student [stjúːdnt 스뜌'우른트]
- excuse [ikskjúːz 익쓰뀨'우즈]
- super [súːpər 쑤'우뻐~]

- include [inklúːd _____]
- document [dákjumənt _____]
- conclude [kənklúːd _____]
- consume [kənsúːm _____]
- tutor [tjúːtər _____]
- institute [ínstətjùːt _____]

문장에서 가려들어 보세요 (색칠된 단어)

The oil producing country will increase the crude oil price.
Consumer report suggested that cucumber is essential for meat eaters.

2 cure, sure, pure에서 ur은 [유´어~]

강세가 있는 **변형된 복모음**. 자음 대신에 반모음 r로 대치되어 –모음´+r(반모음)+e로 끝나는 단어에서 강세가 있는 모음은 각 모음의 변형된 복모음으로 발음합니다. 단어 내에서 –u´+r(반모음)+모음처럼 u에 강세가 있고 바로 뒤에 반모음과 모음이 존재하면 u´가 반모음 r과 함께 복모음 발음이 변형되어 **[유´어~]**로 발음합니다.

큰 소리로 읽어 보세요 (빈칸 채우기)

- **pure** [pjúər 퓨´어~]
- **sure** [ʃúər 슈´어~]
- **secure** [sikjúər 쓰큐´어~]
- **mature** [mətjúər 머츄´어~]

- **furious** [fjúəriəs _____]
- **insurance** [inʃúərəns _____]
- **curious** [kjúəriəs _____]
- **assure** [əʃúər _____]

문장에서 가려들어 보세요 (색칠된 단어)

Be sure to make pure water using a perfect technology.
Customers are furious about the new policy of insurance companies.

3 duck, club, bud에서 u는 [어ㅏ]

강세가 있는 단모음. 모음´+자음+자음 또는 –모음´+자음으로 끝나는 단어에서 강세가 있는 모음은 각 모음의 단모음으로 발음합니다.

단어가 u+자음+자음 또는 –u+자음으로 끝나면 u를 단모음 [어ㅏ]로 발음합니다. 입 모양을 [아] 형태로 하면서 [어] 발음을 합니다. –u+자음으로 끝나는 단어에서 마지막 자음이 유성음으로 끝나는 경우에는 단모음을 장음처럼 **길게** 발음합니다.

cústom
커스떰
• 자음 2개

큰 소리로 읽어 보세요 (빈칸 채우기)

- **ultra** [ʌ́ltrə 어´으츠러]
- **duck** [dʌ́k 덕´]
- **club** [klʌ́b 클러´업]
- **bud** [bʌ́d 버´얻]

- **hungry** [hʌ́ŋgri 헝´그리]
- **summer** [sʌ́mər 써´머~]
- **cup** [kʌ́p 컾´]
- **but** [bʌ́t 벝´]

- **instruct** [instrʌ́kt _____]
- **production** [prədʌ́kʃən _____]
- **disgust** [disgʌ́st _____]

- **humble** [hʌ́mbl _____]
- **cucumber** [kjúːkʌmbər _____]
- **discuss** [diskʌ́s _____]

문장에서 가려들어 보세요 (색칠된 단어)

The production of duck meat was increased due to high consumption rate.

This cup was customized for being served in that club.

4   burn, turn, occur에서 ur은 [어~]

영어 발음의 특징 중 하나로 강세가 있는 모음 음절 **전후의 모음**이 약화되어 [어] 또는 [으]로 발음되는 쉬와 현상이 있습니다.

단어 내에서 u+자음+자음+모음 또는 모음´+자음+자음+u와 같이 강세가 있는 음절의 전후 음절에 u가 존재할 때 쉬와 현상에 의해 단모음 [어]로 발음합니다. 그리고 u+r+자음 또는 -u+r로 끝나는 단어인 경우 반모음 r과 함께 [어~]라고 발음합니다.

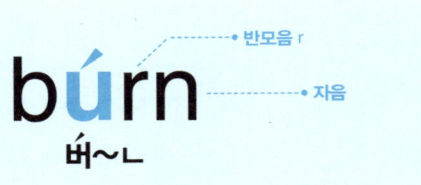

큰 소리로 읽어 보세요 (빈칸 채우기)

- circus [sə́:rkəs 써´~꺼쓰]
- urban [ə́:rbən 어´~번]
- burger [bə́:rgər 버~´거~]
- succeed [səksí:d 썩씨´~잍]
- turkey [tə́:rki 터´~키]
- turn [tə́:rn 터´어~ㄴ]

- surprise [sərpráiz _____]
- occur [əkə́:r _____]
- suspect [səspékt _____]
- incur [inkə́:r _____]

문장에서 가려들어 보세요 (색칠된 단어)

You can see surprising performance at the circus.
The cat is suspected to steal the turkey in the kitchen.

발음 때문에 대략난감!

오리고기? 개고기?   미국 암연구소의 연구원이 국내 세미나 참석차 한국에 왔을 때 함께 식사를 한 적이 있다. 어떤 음식을 먹고 싶은지 물었더니 "I want to try dog meat."라고 답하였다. 나는 "dog(드옥)"을 "duck(덕)"으로 잘못 들었다. '미국인이 설마 한국의 개고기를 맛보려 할까?' 하는 선입견도 작용했다. 그를 오리고깃집으로 안내하여 식사를 하였다. 식사 중에 그가 말했다. "This food is familiar to me." 그 미국인 연사는 한국의 개고기에 대해 익히 들어서 알고 있었으며 한국에 온 김에 실제로 맛을 보고자 했던 것이다.

"duck"과 "dog"의 미묘한 발음 차이를 구별하지 못해서 발생한 일이다. 실제로 ɑ[오]와 ʌ[어ㅏ]의 소리 차이를 구별하기가 쉽지 않다. 이 책에 나오는 o 및 u의 단모음 발음법을 연습하면 이러한 실수는 하지 않을 것이다.

연구원 I wanna try korean special food "dog[드옥] meat."
나 No problem, let's eat duck[덕] meat at a korean restaurant.
연구원 It seems that I have eaten this food before in America.

단어 내 전후 관계에 따른 모음 발음

	a	e	i	o	u
복모음	a´+자음+e [에´이] cage [케´이쥐]	e´+자음+e(a,o) [이´이] gene [쥐´인]	i´+자음+e [아´이] time [타´임]	o´+자음+e(a) [오´우] cone [코´운]	u+모음+자음 [유´우(우´우)] cute [큐´웉]
	a´+r+e [에´어~] care [케´어~]	e´+r+e(a,o) [이´어~] here [히´어~]	i´+r+e(a) [아´이어~] tire [타´이어~]	o´+r+e [오´어~] core [코´어~]	u´+r+e [유´어~] cure [큐´어~]
단모음	a+자음+자음 [애] camp [캠´ㅍ]	e´+자음+자음 [에] help [헤´읖]	i+자음+자음 [이] tick [틱´]	o´+자음+자음 [엇] odd [옫´]	u´+자음+자음 [어ㅏ] cutter [커´러~]
	a´+r+자음 [아´어~] cart [카´어~ㅌ]	e+자음+자음 [이] escape [이스께´잎]		o´+r+자음 [오´어~] corn [코´어~ㄴ]	
	a´+l+자음 [오´으, 아´으] call [코´을] calm [카´음]	e+r+자음 [어~] insert [인써´~ㅌ]	i+r+자음 [어~] bird [버´~ㄷ]	o+r+자음 [어~] record [레´꺼~ㄷ]	u+r+자음 [어~] urban [어´~번]
	a+자음+e [이] package [패´키쥐]				
	-al [-을] musical [뮤´우즈끌]				
쉬와 (schwa) 소리	a+자음+모음´, 모음´+자음+a [어] casino [커씨´너]	e+자음+모음´, 모음´+자음+e [으] enemy [에´느미]	i+자음+모음´, 모음´+자음+i [으] irritate [이´르테´잍]	o+음절´ 음절´+o [어] compute [컴퓨´웉]	u+음절´ 음절´+u [어] suspect [써스뻭´]

6

단어 내에
2개의 모음이
연속으로 존재해요

1 모음´+모음의 경우

단어 내에 모음이 연속적으로 2개가 존재(**연모음**)하며, 단어 내 **최초 모음**이 연모음일 경우 또는 연모음 내 **앞 모음에 강세**가 있는 경우에 앞모음의 **복모음** 또는 **복모음+[어]**로 발음합니다.

큰 소리로 읽어 보세요

- ai(ay) [에이]
- ea [이이, 에]
- ee [이이]
- ei(ey) [이이, 에이]
- ia [아이어]
- ie [아이어, 이이]
- oa [오우]
- oe [오우, 오우어]
- oi(oy) [오이]
- ui [우우, 우어]

- sail [séil 쎄´이얼]
- seat [síːt 씨´잍]
- green [gríːn 그리´인]
- seize [síːz 씨´이즈]
- dial [dáiəl 다´이얼]
- diet [dáiət 다´이얼]
- coat [kóut 코´웉]
- toe [tóu 토´우]
- coin [kɔ́in 코´인]
- suit [súːt 쑤´욷]

- play [pléi 플레´이]
- dead [déd 델´]
- meet [míːt 미´잍]
- veil [véil ㅂ에´이얼]
- trial [tráiəl 츠라´이얼]
- piece [píːs 피´이씨]
- soap [sóup 쏘´웊]
- poet [póuət 포´우얼]
- boy [bɔ́i 보´이]
- suicide [sjúːəsàid 쑤´어싸`읻]

문장에서 가려들어 보세요 (색칠된 단어)

I like playing baseball rather than watching on the seat.
I do not want to meet either of them.
The trial version is for ordinary people.
That poet with raincoat is the father of five boys.

Drinking too much juice is not good for diet.

여기서 잠깐

단어 내에서 i(e)+모음, u+모음 등의 연모음의 앞 음절에 강세가 있는 경우, 연모음의 발음을 [-이어], [-유(우)어]로 발음합니다.

- media [míːdiə 미′이리어]
- pigeon [pídʒən 피′쥐언]
- alien [éiljən 에′일리언]
- ocean [óuʃən 오′우쉬언]
- special [spéʃəl 스뻬′쉬얼]
- usual [júːʒuəl 유′우쥬얼]

- patient [péiʃənt _____]
- burial [bériəl _____]
- gorgeous [gɔ́ːrdʒəs _____]
- conscience [kánʃəns _____]
- dubious [djúːbiəs _____]
- continuous [kəntínjuəs _____]

문장에서 가려들어 보세요 (색칠된 단어)

Recently, the ancient burial custom was broadcasted in the media.
It is conspicuous that the mutual fund is gradually gaining popularity.

2 연모음의 뒤 모음에 u 또는 w가 있는 경우

단어 내에 모음이 연속적으로 2개가 존재하고 연모음의 앞 모음에 **강세**가 있으며 뒤모음이 u 또는 w인 경우 각각 다양한 발음이 존재합니다.

큰 소리로 읽어 보세요

- au(aw) [어어]
- eu(ew) [유우]
- ou(ow) [아우, 오우]
- sauna [sɔ́:nə 써′어너]
- neuron [njúərɑn 뉴′우런]
- out [áut 아′웉]
- law [lɔ́: 을러′어]
- dew [djú: 듀′우]
- low [lóu 을로′우]

문장에서 가려들어 보세요 (색칠된 단어)

Low temperature sauna is permitted by the law.
This brand new sauce is awesome!

3 oo_ [으] 또는 [으우]로 발음해요

단어 내에서 oo 뒤의 자음이 **무성음**이면 [으]로 발음하며 **유성음**이면 [으우]로 발음합니다.

큰 소리로 읽어 보세요

무성음 [으]
- cook [kúk 큭′]
- book [búk 븍′]
- root [rút 륻′]
- troop [trú:p 츠릎′]

유성음 [으우]
- cool [kú:l 크′울]
- boom [bú:m 브′움]
- good [gúd 그′욷]
- room [rú:m 르′움]

문장에서 가려들어 보세요 (색칠된 단어)

It is good to read a cook book before making seafood.

The cartoon is so cool!

발음 때문에 대략난감!

정관사 the는 왜 모음 앞에서는 발음이 달라지는가? 우리가 중학교 시절에 정관사 the를 배울 때 모음 앞에서는 [ㄷ이]라고 발음하고 자음 앞에서는 [ㄷ어]라고 발음하라고 배웁니다. 왜일까? 연모음의 법칙을 알면 의문점이 해소됩니다. 연모음의 경우에 단어 내의 최초 모음이 연모음이면 앞 모음의 **복모음**으로 발음합니다. 따라서 the가 다른 모음 앞에 존재하면 the의 마지막 모음 e가 모음으로 시작하는 단어와 함께 연모음을 생성하게 됩니다. 예를 들면 "the atomic bomb"의 경우에 the의 e와 atomic의 a가 결합하여 ea라는 연모음이 생성되어 앞의 e를 복모음 [이이]라고 발음합니다. 따라서 the를 [ㄷ이]라고 발음합니다. 이와 유사하게 부정관사 a도 모음 앞에 존재하면 연모음이 형성되어 복모음 [에이]로 발음해야 하므로 이를 피하기 위하여 모음 앞에서는 a 대신에 an을 사용합니다. 연모음을 알면 발음이 보입니다.

7

모음의 기능을 하는
자음이
존재해요

1 l_ 혀끝을 윗니의 뒷부분에 붙이면서 [에'얼]로 발음해요

❶ **자음으로 발음하는 경우** 한글의 ㄹ, 을ㄹ, 을, 얼에 해당하는 발음입니다. 두음절일 때는 [을ㄹ]([을]은 실제로 발음하지 않고 입의 형태만 유지), 중간음절일 때는 [을ㄹ], 끝음절일 때는 [얼] 또는 [을]로 발음합니다. -le로 끝나는 경우 e가 포함된 하나의 문자로 간주합니다. 두음의 l을 제외한 나머지 l은 **모음의 성격**이 강하므로 주위의 발음에 영향을 주어 강세가 없는 음절의 격음인 c, k, p, q 또는 d, t 등의 음절에 경음화 또는 플랩(flap) 현상을 유도합니다.

큰 소리로 읽어 보세요 (빈칸 채우기)

두음절 • light [láit 을라'잍]   • lack [læk _____]
중간음절 • alike [əláik 얼라'잌]   • black [blæk _____]
끝음절 • model [mádl 마'를]   • cancel [kǽnsəl _____]
경음화 • declare [dikléər 디끌레'어~] • deplore [diplɔ́:r _____]
플랩 현상 • middle [mídl 미'를]   • title [táitl _____]

❷ **모음으로 발음하는 경우** l+자음인 경우 l을 모음 [으]로 발음합니다.

큰 소리로 읽어 보세요 (빈칸 채우기)

- milk [mílk 미'읔]
- help [hélp 헤'읖]
- talk [tɔ́ːk 토'윽]

- self [sélf 쎄'읖ㅎ]
- palm [páːm 파'음]
- silk [sílk 씨'읔]

- almond [áːmənd _____]
- realm [rélm _____]
- sculpture [skʌ́lptʃər _____]

- salmon [sǽmən _____]
- overwhelm [òuvərhwélm _____]
- fulfill [fulfil _____]

헷갈리기 쉬워요!

단어 내 마지막 철자가 -l+d(t)인 경우 d와 t가 묵음이 되어 l을 자음 [ㄹ]로 발음합니다. -uld 인 경우에는 [ㄹ]이 아닌 모음 [으]로 발음합니다.

- mild [máild 마'이얼]
- yield [jíːld 이이'일]
- bold [bóuld 보'울]
- gold [góuld 고'울]
- would [wúd 우음]

- tilt [tílt 틸'ㅌ]
- melt [mélt 멜'ㅌ]
- colt [kóult 코'울ㅌ]
- consult [kənsʌ́lt 컨썰'ㅌ]
- could [kúd 쿠음]

문장에서 가려들어 보세요 (색칠된 단어)

The organizer has declared that the model competition was canceled.

Phelps has fulfilled an overwhelming speed in the Olympic swimming race.

Spring would melt down the ice after cold winter.

2 r _ 혀를 목구멍으로 당기면서 [ㄹ] 또는 [어~]로 발음해요

❶ **자음으로 발음하는 경우** 단어 내 **두음 r, 강세 음절**에 존재하는 r, **단모음 직후**에 존재하는 r, **-ra(o, u, y)로 끝나는 경우**에 혀를 목구멍으로 당기면서 자음 **[ㄹ]**로 발음합니다.

🔊 큰 소리로 읽어 보세요 (빈칸 채우기)

두음절 • rain [réin 레′인]   • right [ráit _____]
강세 음절 • grade [gréid 그레′읻]   • career [kəríər _____]
단모음 • merit [mérit 메′맅]   • apparent [əpǽrənt _____]
끝모음 • opera [ɑ́pərə 아′쁘러]   • angry [ǽŋgri _____]

❷ **모음으로 발음하는 경우** 모음+r+자음, 마지막 철자가 r, 강세가 없는 모음 사이의 r(모음+r+모음), 복모음 바로 뒤에 존재하는 r은 자음 **[ㄹ]**가 아니라 모음 **[어~]**에 가까운 발음입니다. **[어~]**는 모음 **[어]**와는 달리 혀를 목구멍으로 당기면서 **[어~]**라고 발음합니다.

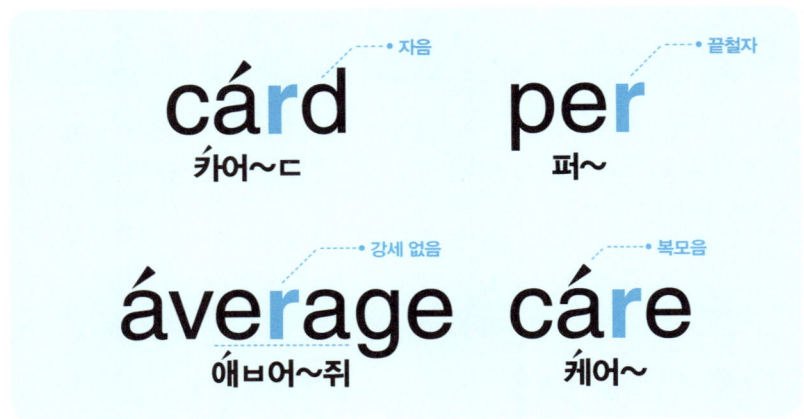

큰 소리로 읽어 보세요 (빈칸 채우기)

자음 앞
- percent [pərsént 퍼~쎈′트]
- surgeon [sə́ːrdʒən _____]

끝철자
- member [mémbər 멤′버~]
- rumor [rúːmər _____]

모음 사이
- bearable [béərəbl 베′어~블]
- literature [lítərətʃər _____]

복모음 뒤
- irony [áiərəni 아′이어~니]
- foreign [fɔ́ːrən _____]

문장에서 가려들어 보세요 (색칠된 단어)

Getting a good grade is a merit for your career.
It is an irony that the percentage of foreign member in korean literature is high.

3 w_ 한글의 [우]와 비슷해요. 입을 동그랗게 벌리고 [우] 해 보세요

철자는 자음이지만 발음이 [우] 모음이므로, 주위의 다른 발음에 영향을 주어 다양한 발음 현상을 유도하며 **두음절**인 경우에 입 모양을 [우]로 하며 발음합니다.

큰 소리로 읽어 보세요 (빈칸 채우기)

두음절 • wine [wáin 우와´인]　　　• window [wíndou _____]
플랩 현상 • crowded [kráudid 크라´우릳]　• rowdy [ráudi _____]

문장에서 가려들어 보세요 (색칠된 단어)

Wine should not be placed near the window.
The square is crowded with a rowdy mob.

4　y_ 모음 i의 성격을 지닌 자음입니다

y+자음 또는 y 철자로 끝나는 경우 i와 동일한 발음 현상(복모음, 단모음, 쉬와 현상 등)이 나타나며, y+모음인 경우에는 [이] 발음이 추가되고 **이중모음 발음 현상**을 유도합니다.

큰 소리로 읽어 보세요 (빈칸 채우기)

자음 앞　• cycle [sáikl 싸´이클]　　• symptom [símptəm 씸´텀]
　　　　• type [táip _____]　　• analysis [ənǽləsis _____]

모음 앞　• yard [jάːrd 이야´어~드]　• young [jʌ́ŋ 이영´]
　　　　• layer [léiər _____]　• vineyard [vínjərd _____]

문장에서 가려들어 보세요 (색칠된 단어)

The analysis shows that many cyclers have some types of occupational syndrome.
Young people like to play yachting.

발음 때문에 대략난감!

반모음을 모르면 물건도 못 사요!　　미국에서 유학할 때 일이다. 말보로 (Marlboro light) 담배를 사려고 가게에 들어가 "I would like to buy a pack of

Marlboro light."라고 말했는데, 점원이 전혀 알아듣질 못했다. 손짓 발짓 다 동원해서 설명을 해 봤지만 결과는 마찬가지였다.

반모음인 l, r을 정확하게 구사하지 못한 탓이었다. 이 책 반모음 편 l, r 발음하기에서(69~72쪽) 보여 주듯이 Marlboro의 경우에 r과 l 뒤에 각각 자음인 l과 b가 나오는데 Marlboro 내의 r은 [어~]로 발음하고 l은 [으]로 발음하는 것이 옳다. 따라서 Marlboro의 미국식 발음은 **[말보로]**가 아니라 **[마'어~으버~]**가 될 것이다. 참고로 미국에서 "담배 한 보루 주세요."라고 말하면 말보로 담배를 준다는 우스갯소리가 있다. 그만큼 미국에서는 말보로 담배가 대중적이다.

A	I would like to buy a pack of Marlboro[말보로] light.
점원	????
A	M-A-R-L-B-O-R-O.
점원	Oh! you mean "Marlboro[마′어~으버~]."

8

강세가 없는 모음은
약하게
발음해야 해요

영어의 특징은 강세가 존재한다는 것입니다. 따라서 강세가 존재하는 음절은 강하게 발음하고 강세 전후 음절 내의 모음은 약하게 발음하게 되는데, 이러한 현상을 **쉬와 현상**이라 하며 e, i는 [으], a, o는 [어]로 발음합니다.

ecónomy
으쿠너미

económical
에꺼느므끌

큰 소리로 읽어 보세요 (빈칸 채우기)

모음+자음+모음′
- agenda [ədʒéndə 어쉔′더]
- polite [pəláit 펄라′일]

- disease [dizí:z _____]
- denial [dináiəl _____]

모음′+자음+모음
- memory [méməri 메′머리]
- animal [ǽnəməl 애′느믈]

- legacy [légəsi _____]
- delicacy [délikəsi _____]

모음+자음+자음(동음자음)+모음′
- accuse [əkjú:z 어큐′우즈]
- oppose [əpóuz 어포′우즈]

- immediate [imí:diət _____]
- essential [isénʃəl _____]

모음′+자음+자음(동음자음)+모음
- cannon [kǽnən 캐′넌]
- tunnel [tʌ́nl 터′늘]

- luckily [lʌ́kili _____]
- opposite [ɑ́pəzit _____]

여기서 잠깐

접두사(re, in, inter, il 등)는 독립적으로 발음되므로 쉬와 현상으로부터 비교적 자유롭습니다. 또 **모음+자음+자음(이음자음)+모음´**, **모음´+자음+자음(이음자음)+모음**과 같이 **이음자음**의 경우에는 쉬와 현상이 나타나지 않습니다.

- **re**new [rinjúː 리뉴´우]
- **in**accurate [inǽkjurət 이내´뀨릳]
- **acc**ept [æksépt 액쎕´]
- **acc**ident [ǽksədənt 액´씨른트]

문장에서 가려들어 보세요 (색칠된 단어)

Animal right is the main agenda of the press conference.
It is a delicate dilemma to evenly distribute their father's legacy.

He is accused of attacking a member of the opposite group.
Luckily, many civic groups strongly oppose the tunnel construction.

The CEO's decision enabled us to renew the old contract.
It is not acceptable that his eccentric behavior was done accidently.

발음 때문에 대략난감!

"specific" or "pacific"? 미국 대학에서 공부할 때 일이다. 미국인 학생과 엘리베이터를 타고 이야기하고 있었다. 같은 강의를 수강하고 있어서 다음 날 있을 강의 주제에 대해 논의하고 있었다. 그 친구에게 질문을 했다. "What is the specific role of the blah blah?" 그런데 그 친구가 전혀 엉뚱한 답을 하였다. 내가 specific이라는 단어를 잘못 발음한 탓이었다. 나는 specific을 [스페´시픽]이라고 발음하였고 그는 그것을 pacific으로 잘못 알아들은 것이다. "특별한"이라는 단어가 "태평양" 또는 "고요한"이라는 단어로 잘못 이해되었으니, 그 미국인 친구가 내게 "태평양"의 기능에 대해 설명해 준 것은 어쩌면 당연한 일이었으리라. 이후 specific[스쁘씨´피크]과 pacific[퍼씨´피크] 발음을 명확하게 구별하게 된 것은 두말할 필요가 없다. 만일 강세의 위치와 쉬와 현상을 알았다면 두 단어 발음 차이를 구별하여 좀 더 정확한 발음을 하였을 텐데….

나   What is the specific[스페′시픽] role of glycerol as an anti freezing agent?

친구   Pacific[퍼씨′프힉]? That is the largest ocean in the world.

발음 원리

9

영어 단어에는
e(le)로 끝나는
단어가 많아요

1 모음´+자음+e(le)에서 e를 [으]라고 발음하지 마세요

모음´+자음+e(le)처럼 e 앞의 모음에 **강세가 있는** 경우에 e 직전의 자음은 e 앞 음절의 받침으로 간주하며 마지막 철자 e를 [으]라고 발음하지 않습니다. 또 e의 앞에 위치한 음절의 모음은 주로 **복모음**으로 발음합니다.

큰 소리로 읽어 보세요

- sake [séik 쎄´익]
- scheme [skí:m 스끼´임]
- polite [pəláit 펄라´잍]
- home [hóum 호´움]
- tune [tjú:n 튜´운]

- cable [kéibl 케´이블]
- concede [kənsí:d 컨씨´읻]
- title [táitl 타´이럴]
- noble [nóubl 노´우블]
- bugle [bjú:gl 뷰´우글]

문장에서 가려들어 보세요 (색칠된 단어)

They concede to be investigated about their new scheme of tax evasion.

A company entitled "home cable network" has started a new business.

2. 모음+자음+e(le)에서 모음에 강세가 없는 경우를 주의하세요!

모음+자음+e(le)처럼 e 앞 음절의 모음에 **강세가 없는** 경우에 e 앞 음절의 모음은 **약단모음**으로 발음합니다.

큰 소리로 읽어 보세요

- baggage [bǽgidʒ 배′기쥐]
- saline [séili:n 쎄′일른]
- welcome [wélkəm 웨′으컴]
- miracle [mírəkl 미′러끌]
- article [ɑ́:rtikl 아′어~르끌]
- handsome [hǽnsəm 핸′썸]

문장에서 가려듣어 보세요 (색칠된 단어)

Saline solution should be kept in a light protected baggage.
The effect of a miracle drug is recently published in an article.

3. 모음′+자음+자음+e(le)에서는 2개의 연속자음에 주의하세요!

모음′+자음+자음+e인 경우에는 e의 앞에 위치한 모음은 **강세가 있는 단모음**으로 발음합니다.

큰 소리로 읽어 보세요

- prince [príns 프린′ㅆ]
- edge [édʒ 에′쥐]
- eclipse [iklíps 이클맆′ㅆ]
- bronze [bránz 브론′ㅈ]
- sludge [slʌ́dʒ 슬러′쥐]
- candle [kǽndl 캔′들]
- pebble [pébl 페′블]
- little [lítl 을리′를]
- bottle [bátl 바′를]
- bubble [bʌ́bl 버′블]

문장에서 가려들어 보세요 (색칠된 단어)

This bottle is made of bronze.

The pebble beach is located near the edge of california coast.

발음 원리

10

단어 내에
2개의 자음이
연속으로 존재해요

단어 내에 **동일한 음가를 지닌 자음**(철자가 아니라 음가가 동일)이 연속적으로 2개가 나오는 경우를 **동음자음**이라 하며 동음자음 앞에 위치한 모음이 단모음임을 암시합니다. 또 동음자음은 자음동화 현상에 의해 하나의 자음으로 간주하여 **뒤에 있는 자음만 발음**하며 쉬와 현상의 영향을 받습니다.

dilémma
들레머 — 동음자음

큰 소리로 읽어 보세요 (빈칸 채우기)

- **ca**bb**age** [kǽbidʒ 캐′비쥐]
- **mi**dd**le** [mídl 미′를]
- **su**nn**y** [sʌ́ni 써′니]
- **mi**ss**ile** [mísəl 미′쓸]
- **mu**sc**le** [mʌ́sl 머′쓸]

- **ba**gg**age** [bǽgidʒ _____]
- **a**dd**ition** [ədíʃən _____]
- **stu**bb**orn** [stʌ́bərn _____]
- **ne**ck**lace** [néklis _____]

- **chi**ck**en** [tʃíkən 취′끈]
- **gra**mm**ar** [grǽmər 그래′머~]
- **ha**pp**en** [hǽpən 해′쁜]
- **a**tt**ack** [ətǽk 어택′]
- **pu**zz**le** [pʌ́zl 퍼′즐]

- **a**cc**omm**o**date** [əkámədèit _____]
- **e**ff**icient** [ifíʃənt _____]
- **mi**ll**e**nn**ium** [miléniəm _____]
- **a**sc**end** [əsénd _____]

여기서 잠깐

모음´+ㅣ의 경우에는 반모음 l의 영향으로 [을ㄹ]로 발음하며, cc, sc의 경우에 이음자음 [ㅋㅆ], [스ㄲ]가 되는 경우가 있습니다.

- **mi**ll**ion** [míljən 미′을리언]
- **su**cc**eed** [səksí:d 썩씨′잇]

- **pi**ll**ow** [pílou 피′을로우]
- **a**cc**elerate** [æksélərèit 액쎌′르레`잍]

- escape [iskéip 이스께'잎]   • muscular [mʌ́skjulər 머'스뀰러~]

문장에서 가려들어 보세요 (색칠된 단어)

This space is large enough to accommodate more than 2 million baggage.
According to a recent report, the enemy's missile attack is imminent.
He succeeded in solving a million dollar math problem.
Newton discovered the acceleration of gravity.

11

단어 내에
1개의 모음만
존재해요

1 복모음과 단모음을 구별해서 발음해요!

단어 내에 모음이 **하나**일 때 **마지막 철자가 모음**인 경우에는 해당 모음을 **복모음**으로 발음합니다. 하지만, **마지막 철자가 자음**인 경우에는 단어 내의 모음을 **단모음**으로 발음하며(a[애], e[에], i[이], o[오], u[어]) 마지막 철자가 무성음으로 끝나는 경우는 단모음, 유성음으로 끝나는 경우에는 단모음을 장음처럼 길게 발음합니다.

큰 소리로 읽어 보세요

- **be** [bí: 비′이]
- **sky** [skái 스까′이]
- **no** [nóu 노′우]
- **flu** [flú: 프흘루′우]
- **she** [ʃí: 쉬′이]
- **so** [sóu 쏘′우]
- **cry** [krái 크라′이]
- **hi** [hái 하′이]

- **bet** [bét 벹′]
- **sick** [sík 씩′]
- **not** [nát 낱′]
- **hug** [hʌ́g 허′억]
- **bat** [bǽt 뱉′]
- **bad** [bǽd 배′앧]
- **tap** [tǽp 탶′]
- **tab** [tǽb 태′앱]

문장에서 가려들어 보세요 (색칠된 단어)

He will be accused of an industrial spy.
My sister got the flu, so stay away from her.
She was not sick before she hugged a flu patient.
It is bad to bet money on dog fighting.

여기서 잠깐

모음´+**자음**으로 끝나는 단어인 경우에 동사의 진행형(-ing), 분사형(-ed), 사물 및 사람(-er), 형용사의 비교급(-er) 또는 최상급(-est)을 나타낼 때, 강세를 지닌 단모음인 것을 나타내기 위하여 **동음자음**이 추가됩니다.

- clap [klǽp 클램´]
- plan [plǽn 플래´앤]
- beg [bég 베´엑]
- big [bíg 비´익]
- slim [slím 슬리´임]
- hot [hát 홑´]
- hug [hʌ́g 허´억]

- clapping [klǽpiŋ 클래´삥]
- planner [plǽnər 플래´너~]
- begging [bégiŋ 베´깅]
- bigger [bígər 비´거~]
- slimmer [slímər 슬리´임]
- hotter [hátər 흐´러~]
- hugging [hʌ́giŋ 허´깅]

문장에서 가려들어 보세요 (색칠된 단어)

She is planning to make her body slimmer.
This cutting edge scanner will be useful for stopping drug smuggling.

Step 2

알 듯 말 듯
쉽고도 어려운 자음

영어에서 자음은 한글과 아주 유사하므로, 발음 공부는 한글에 존재하지 않는 f, r, th, v 등의 유성음, 무성음을 발음할 수 있는 정도면 충분합니다. 그러나 한글 자음이 1자음 1음가인 반면에 영어는 자음 또한 복합음가인 데다 자음에 h를 넣어 새로운 음가를 만들어 내기도 하므로 이 점에 특히 유의해야 합니다.
한편 영어 자음은 비슷한 음이 서로를 닮으려는 성질이 있습니다. 예를 들어 p-b, f-v, t-d, s-z 등이 서로 닮으려는 성질이 있습니다. 따라서 자음동화 현상에 의한 단어 및 문장 내 음운축약 현상에 주의해 발음해야 합니다.

12

단음 자음은
발음이
하나만 존재해요

1   bet, boat, bottom에서 b는 [ㅂ]

b는 한글의 유성음 [ㅂ]에 해당하는 발음이며 [ㅃ]로 발음하지 않도록 유의합니다. b+u-인 경우 [u]의 발음을 **묵음** 또는 **단모음**으로도 발음합니다.

큰 소리로 읽어 보세요 (빈칸 채우기)

- **b**amboo [bæmbúː 뱀브′우]
- **b**oat [bóut 보′웉]
- tu**b**e [tjú 튜움]
- **b**uild [bíld 빌′]
- **b**usy [bízi 비′지]

- **b**et [bét 벹′]
- **b**ottom [bátəm ㅂ′럼]
- **b**utter [bʌ́tər 버′러~]
- **b**ury [béri 베′리]
- **b**uy [bái 바′이]

- **b**itter [bítər _____]
- **b**u**bb**le [bʌ́bl _____]
- **b**uoy [bɔ́i _____]

- **b**ri**b**e [bráib _____]
- **b**ack**b**one [bǽkbòun _____]
- **b**usiness [bíznis _____]

문장에서 가려들어 보세요 (색칠된 단어)

The backbone of this boat is made of bamboo.
He is going to buy a building for his rental business.

2   feel, fit, fuel에서 f는 [에프흐]

f는 한글에 존재하지 않는 무성음 발음이며 윗니로 아랫입술을 지그시 누르고 밖으로 바람을 내쉬며 순경음 [ㅸ]로 발음합니다.

큰 소리로 읽어 보세요 (빈칸 채우기)

- **f**eel [fíːl 프히′이얼]
- **f**it [fít 프힡′]

- **f**ight [fáit 프하′잍]
- **f**old [fóuld 프호′울ㄷ]

- **fuel** [fjúːəl 프휴́우얼]
- **life** [láif 을라́잎ㅎ]
- **funny** [fʌ́ni 프허́니]
- **safe** [séif 쎄́잎ㅎ]

- **factory** [fǽktəri _____]
- **federal** [fédərəl _____]
- **fatal** [féitl _____]
- **follow** [fάlou _____]

문장에서 가려들어 보세요 (색칠된 단어)

For the safety of the factory, all fuels must be isolated.
Life is not always fair.

3 jacket, jelly, joke에서 j는 [ㅈ]

j는 한글의 [ㅈ]에 해당하는 발음이며 다른 모음과 만나 반드시 **이중모음**으로 발음됩니다.

이중모음
jóke
죠욱

큰 소리로 읽어 보세요 (빈칸 채우기)

- **jacket** [dʒǽkit 쉐́낕]
- **jelly** [dʒéli 쉐́을리]
- **joke** [dʒóuk 죠́욱]
- **enjoy** [indʒɔ́i 인죠́이]
- **jail** [dʒéil 쉐́이얼]
- **jewel** [dʒúːəl 쥬́우얼]
- **june** [dʒúːn 쥬́운]
- **subject** [sʌ́bdʒikt 써́브쥌ㅌ]

- jockey [dʒáki _____]
- journey [dʒə́:rni _____]
- pajamas [pədʒǽməs _____]
- justice [dʒʌ́stis _____]
- junction [dʒʌ́ŋkʃən _____]
- inject [indʒékt _____]

문장에서 가려들어 보세요 (색칠된 단어)

Join our jazz club this June.
A pilot has to wear a special jacket for flying a jet propelled plane.

4 kick, kettle, keep에서 k는 [ㅋ]

k는 한글의 [ㅋ]에 해당하는 발음이며 **두음이 k+n**으로 시작하는 단어의 경우 k의 묵음 현상이 발생합니다. s 또는 x 자음 뒤에 존재하거나 2개의 모음 사이에 존재하면서 k를 포함한 음절에 강세가 없는 경우에 [ㅋ]가 **경음화**되어 [ㄲ]로 변화합니다.

큰 소리로 읽어 보세요 (빈칸 채우기)

- kick [kík 킥']
- kettle [kétl 케'를]
- knight [náit 나'잍]
- basket [bǽskit 배'스낍]
- bakery [béikəri 베'이끄리]
- keep [kí:p 키'잎]
- bake [béik 베'잌]
- know [nóu 노'우]
- risky [ríski 리'스끼]
- maker [méikər 메'이꺼~]

- **keen** [kíːn _____]
- **knee** [níː _____]
- **skill** [skíl _____]
- **likely** [láikli _____]
- **alike** [əláik _____]
- **knuckle** [nʌkl _____]
- **husky** [hʌ́ski _____]
- **striking** [stráikiŋ _____]

문장에서 가려들어 보세요 (색칠된 단어)

Keep the bread baked for a while in the oven.
You don't know how risky it is.

5 madam, member, model에서 m은 [ㅁ]

m은 한글의 [ㅁ]에 해당하는 발음이며 비음(콧소리)으로 발음해야 합니다.

큰 소리로 읽어 보세요 (빈칸 채우기)

- **madam** [mǽdəm 매′럼]
- **model** [mάdl 머′를]
- **mummy** [mʌ́mi 머′미]
- **member** [mémbər 멤′버~]
- **mine** [máin 마′인]
- **museum** [mjuːzíːəm 뮤우지′이엄]

- **minimum** [mínəməm _____]
- **mechanism** [mékənìzm _____]
- **momentum** [mouméntəm _____]
- **mistake** [mistéik _____]

문장에서 가려들어 보세요 (색칠된 단어)

Operating this machine requires a maximum momentum.
There is a mummy in the museum.

6 name, net, now에서 n은 [ㄴ]

n은 한글의 [ㄴ]에 해당하는 발음이며 비음(콧소리)입니다. **모음+n+g (k, q)**인 경우에 모음이 단모음이면 n을 한글의 [ㅇ]로 발음합니다.

큰 소리로 읽어 보세요 (빈칸 채우기)

- name [néim 네′임]
- net [nét 넽′]
- now [náu 나′우]
- plane [pléin 플레′인]
- anger [ǽŋgər 앵′거~]

- nose [nóuz 노′우즈]
- noon [núːn 느′운]
- number [nʌ́mbər 넘′버~]
- cannon [kǽnən 캐′넌]
- sing [síŋ 씽′]

- needle [níːdl _____]
- annex [ənéks _____]
- bankrupt [bǽŋkrʌpt _____]

- nominate [nɑ́mənèit _____]
- national [nǽʃənl _____]
- linkage [líŋkidʒ _____]

문장에서 가려들어 보세요 (색칠된 단어)

Name all the nations that produce nickel.
Seven scientists were nominated as a Nobel prize winner.

7 popcorn, picnic, pencil에서 p는 [ㅍ]

p는 한글의 [ㅍ]에 해당하는 발음입니다. s 또는 x 자음 뒤에 존재하거나 2개의 모음 사이에 존재하면서 p를 포함한 음절에 강세가 없는 경우 [ㅍ]가 경음화되어 [ㅃ]로 변화합니다.

큰 소리로 읽어 보세요 (빈칸 채우기)

- **pic**nic [píknik 피′크닉]
- **pop**corn [pápkɔːrn 퐆′코′어~ㄴ]
- des**p**ite [dispáit 디스빠′잍]
- **pup**il [pjúːpəl 퓨′우′뻘]

- **p**encil [pénsəl 펜′쓸]
- **p**ipe [páip 파′잎]
- ex**p**lain [ikspléin 잌쓰쁠레′인]
- **p**aper [péipər 페′이뻐~]

- **per**plex [pərpléks _____]
- **prop**erty [prápərti _____]
- res**p**ect [rispékt _____]

- **post**pone [poustpóun _____]
- **pur**pose [pə́ːrpəs _____]
- ex**p**ert [ékspəːrt _____]

문장에서 가려들어 보세요 (색칠된 단어)

We're perplexed because the meeting is postponed.
We have to respect the expert in his field.

8   queen, quick, antique에서 q는 [ㅋ]

q는 한글의 [ㅋ]에 해당하는 발음입니다. 반드시 모음 u가 뒤에 있으며 **2개의 철자** (qu:[쿠]/[꾸])로 존재하지만 **1개의 자음**으로 간주합니다. s 또는 x 자음 뒤에 존재하거나 2개의 모음 사이에 존재하면서 qu를 포함한 음절에 강세가 없는 경우에 [ㅋ]가 **경음화**되어 [ㄲ]로 변화합니다.

모음 — équal — 모음
이이꾸을

큰 소리로 읽어 보세요 (빈칸 채우기)

- **qu**een [kwíːn 쿠이′인]
- an**tiqu**e [æntíːk 앤티′익]
- **squ**are [skwɛ́ər 스꾸에′어~]
- ade**qu**ate [ǽdikwət 애′르꾸잍]

- **qu**ick [kwík 쿠읰′]
- uni**qu**e [juːníːk 유우니′읶]
- **squ**irrel [skwə́ːrəl 스꾸어′~를]
- li**qu**id [líkwid 을리′꾸읻]

- **qu**estion [kwéstʃən _____]
- pla**qu**e [plǽk _____]
- **squ**ash [skwáʃ _____]
- conse**qu**ent [kánsəkwant _____]

- **qu**it [kwít _____]
- techni**qu**e [tekníːk _____]
- ex**qu**isite [ékskwizit _____]
- e**qu**ity [ékwəti _____]

문장에서 가려들어 보세요 (색칠된 단어)

I found out a crown of queen at the antique shop.
It is not adequate to throw a stone to a squirrel.

9 very, vase, victory에서 v는 [ㅸ]

v는 현대 한글에 존재하지 않는 유성음 발음이며 순경음 [ㅸ]에 해당하는 발음입니다. 윗니로 아랫입술을 지그시 누르고 밖으로 바람을 내쉬며 [ㅸ|이]로 발음합니다.

큰 소리로 읽어 보세요 (빈칸 채우기)

- very [véri 브에′리]
- victory [víktəri 브익′터리]
- visit [vízit 브이′짙]
- vase [véis 브에′이씨]
- vitamin [váitəmin 브아′이러민]
- voice [vɔ́is 브오′이씨]

- vacuum [vǽkjuəm _____]
- velvet [vélvit _____]
- volunteer [vɑ̀ləntíər _____]
- universal [juːnəvə́ːrsal _____]
- veranda [və-rǽndə _____]
- vulnerable [vʌ́lnərəbl _____]

문장에서 가려들어 보세요 (색칠된 단어)

Be careful when using vacuum cleaner for velvet clothes.
Watch out flower vases in the veranda.

10 zoo, zebra, zipper에서 z는 [ㅈ]

z는 한글의 [ㅈ]와 유사한 발음이며 아랫니와 윗니 사이의 공간을 살짝 열고 밖으로 바람을 내쉬며 [지이]라고 유성음으로 [ㅈ] 발음을 합니다.

큰 소리로 읽어 보세요 (빈칸 채우기)

- zebra [zíːbrə 지′이브러]
- zone [zóun 조′운]
- zipper [zípər 지′뻐~]
- zoo [zúː 주′~]

- zoom [zúːm _____]
- prize [práiz _____]
- citizen [sítəzən _____]
- maze [méiz _____]

문장에서 가려들어 보세요 (색칠된 단어)

Look at the zebra in the zoo.
It is amazing that he won the Nobel prize.

발음 원리

13

1개 이상의 음가를 가진 자음들

1 cinema, musician, candle에서 c는 각각 [ㅆ], [쉬], [ㅋ]

한글의 [ㅆ]에 해당하는 발음이며 [쉬], [ㅋ]로도 발음합니다. s 또는 x 자음 뒤에 존재하거나 2개의 모음 사이에 존재하면서 c를 포함한 음절에 강세가 없는 경우 [ㅋ]가 **경음화**되어 [ㄲ]로 변화합니다.

큰 소리로 읽어 보세요 (빈칸 채우기)

- cinema [sínəmə 씨'ㄴ머]
- camel [kǽməl 캐'믈]
- comic [kámik ㅋ'믹]
- musician [mjuːzíʃən 뮤우지'쉬언]
- screen [skríːn 스끄리'인]
- economy [ikánəmi 으ㄲ'너미]

- cinnamon [sínəmən 씨'ㄴ너먼]
- candle [kǽndl 캔'들]
- concert [kánsəːrt ㅋ'써~ㅌ]
- delicious [dilíʃəs 들리'쉬어ㅆ]
- excuse [ikskjúːz 익쓰뀨'우즈]
- economic [èkənámik 에'꺼ㄴ'믹]

- capacity [kəpǽsəti _____]
- celebrity [səlébrəti _____]
- magician [mədʒíʃən _____]
- scare [skɛ́ər _____]
- academy [əkǽdəmi _____]

- cancel [kǽnsəl _____]
- coincide [kòuinsáid _____]
- precious [préʃəs _____]
- exclude [iksklúːd _____]
- academic [ækədémik _____]

문장에서 가려들어 보세요 (색칠된 단어)

The concert was canceled due to the injury of a celebrity.
We're scared because of the economic panic.

2 game, gender에서 g는 각각 [ㄱ], [ㅈ]

g는 한글의 [ㄱ]에 해당하는 발음입니다. g+(a, o, u)인 단어의 경우에 g를 [ㄱ]로 발음합니다. gu+모음으로 시작하는 단어의 경우 u를 묵음으로 간주하고 발음합니다. [ㅈ]로 발음할 경우 반드시 이중모음으로 발음합니다. –g+자음으로 끝나는 단어의 경우 g가 묵음이 됩니다.

이중모음
géndeɾ
쮄더~

큰 소리로 읽어 보세요 (빈칸 채우기)

- **g**ame [géim 게'임]
- **g**inger [dʒíndʒər 쥔'쥐~]
- **g**ut [gʌ́t 걷']
- **gu**ess [gés 게'씨]
- desi**g**n [dizáin 드쟈'인]

- **g**argle [gá:rgl 가어~글]
- **g**enius [dʒí:njəs 쥐'이니어씨]
- **g**un [gʌ́n 거'언]
- **gu**itar [gitá:r 기타'어~]
- si**g**n [sáin 싸'인]

- **g**iggle [gígl _____]
- **g**arbage [gá:rbidʒ _____]
- **gu**arantee [gæ̀rəntí: _____]
- ali**g**n [əláin _____]

- **g**eology [dʒiálədʒi _____]
- **g**orgeous [gɔ́:rdʒəs _____]
- **g**uilt [gílt _____]
- resi**g**n [rizáin _____]

문장에서 가려들어 보세요 (색칠된 단어)

He always gargles after eating gingerbread.
Guess who has designed this classic guitar.

3. sauce, music, smile에서 s는 각각 [ㅆ], [ㅈ], [스]

s는 한글의 [ㅆ], [ㅈ], [스]에 해당하는 발음입니다. s 뒤에 **모음**이 오면 [ㅆ], [ㅈ]로 발음하고, s 뒤에 **자음**이 오면 [스]로 발음합니다. 또 동일한 단어가 –se로 끝나는 경우에 뜻이 명사나 형용사면 [ㅆ], 동사이면 [ㅈ]로 발음합니다.

큰 소리로 읽어 보세요 (빈칸 채우기)

- sausage [sɔ́:sidʒ 써'어씨쥐]
- music [mjú:zik 뮤'우질]
- smile [smáil 스마'이얼]
- use [jú:s 유'우씨]

- series [síəri:z 씨'어~이즈]
- season [sí:zn 씨'이즌]
- sponsor [spánsər 스쁜써~]
- use [jú:z 유'우즈]

- subscribe [səbskráib _____]
- disaster [dizǽstər _____]
- close [klóus _____]

- success [səksés _____]
- statistic [stətístik _____]
- close [klóuz _____]

문장에서 가려들어 보세요 (색칠된 단어)

This pub serves a series of sausage.
Statistics shows that summer is the best season for overseas trip.

4. taxi, example, xylitol에서 x는 각각 [ㅋㅆ], [ㄱㅈ], [ㅈ]

x는 한글의 [ㅋㅆ], [ㄱㅈ], [ㅈ]에 해당하는 발음이며 2개의 자음(이중자음)이 연속으로 존재합니다. 따라서 쉬와 현상을 받지 않으므로 주위의 모음 발음이 약화되지 않습니다. 또한 x 앞의 모음은 항상 단모음으로 발음합니다.

큰 소리로 읽어 보세요 (빈칸 채우기)

- taxi [tǽksi 택′씨]
- exact [igzǽkt 익잭′트]
- xi [zái 자′이]
- axe [ǽks 액′쓰]
- example [igzǽmpl 익잼′플]
- xylophone [záiləfòun 자′일러포̀운]

- except [iksépt _____]
- exaggerate [igzǽdʒərèit ____]
- execute [éksikjùːt _____]
- exempt [igzémpt _____]

문장에서 가려들어 보세요 (색칠된 단어)

To get the taxi driver licence, you have to pass the exam.
He got the tax deduction due to an exact tax report.

발음 원리

14

혀 굴리는 소리라고요?
플랩 현상을
모르시는군요

1 data, credit, drama에서 d는 각각 [ㄷ], [ㄹ], [ㅈ]

d는 한글의 [ㄷ]에 해당하는 유성음 발음입니다. 2개의 모음 사이에 존재하면서 d를 포함한 음절에 강세가 없는 경우 **플랩 현상**에 의해 [ㄷ]가 [ㄹ]로 변화하게 됩니다(d를 포함한 음절에 강세가 있으면 [ㄷ]로 발음합니다). -nd로 끝나는 경우에는 d가 **묵음**이 됩니다. d+r인 경우에 구개음화 현상에 의해 [ㄷ]가 [ㅈ]로 변화합니다.

큰 소리로 읽어 보세요 (빈칸 채우기)

- **da**ta [déitə 데′이러]
- me**di**a [míːdiə 미′이리어]
- e**di**t [édit 에′맅]
- me**di**cine [médəsin 메′르씬]
- en**d** [énd 엔′]
- **dra**ma [drǽmə 즈래′머]

- **dead**line [dédlàin 데′를라′인]
- mi**ddl**e [mídl 미′를]
- e**di**tion [idíʃən 으디′쉬언]
- me**di**cinal [mədísənl 므디′쓰늘]
- kin**d** [káind 카′인]
- **dra**gon [drǽgən 즈래′건]

- de**ci**de [disáid _____]
- **de**di**ca**te [dédikèit _____]
- ri**di**cule [rídikjùːl _____]
- comman**d** [kəmǽnd _____]
- **dra**in [dréin _____]

- me**ddl**e [médl _____]
- **de**duce [didjúːs _____]
- ri**di**culous [ridíkjuləs _____]
- **de**mand [dimǽnd _____]
- syn**dr**ome [síndrəm _____]

문장에서 가려들어 보세요 (색칠된 단어)

My son decided to enter a private middle school.
Our data were published in a second edition of a medical journal.
He is kind enough to mind the blind.
My dream is being a drama star.

2 tablet, atom, train에서 t는 각각 [ㅌ], [ㄹ], [ㅊ]

t는 한글의 [ㅌ]에 해당하는 무성음 발음입니다. 2개의 모음 사이에 존재하면서 t를 포함한 음절에 강세가 없는 경우 플랩 현상에 의해 [ㅌ]가 [ㄹ]로 변화하게 됩니다(t를 포함한 음절에 강세가 있으면 [ㅌ]로 발음합니다). n 뒤에 t가 오는 경우 t 음절에 강세가 존재하지 않으면 **묵음화**가 발생합니다. t+모음+n이고 t 음절에 강세가 존재하지 않으면 비음 [은-]으로 발음합니다. t+r인 경우에 구개음화에 의해 [ㅌ]가 [ㅊ]로 변화합니다.

큰 소리로 읽어 보세요 (빈칸 채우기)

- **total** [tóutl 토′우를]
- **tomato** [təméitou 터메′이러]
- **doctor** [dáktər 드′터~]
- **tutor** [tjúːtər 튜′우러~]
- **atom** [ǽtəm 애′럼]
- **title** [táitl 타′이를]
- **tablet** [tǽblit 태′블릳]
- **little** [lítl 을리′를]
- **tutorial** [tjuːtɔ́ːriəl 튜우토′어~이얼]
- **atomic** [ətámik 어트′믹]

- **interest** [íntərèst 이'ㄴ레'스ㄸ]
- **listen** [lísn 을리'쓴-]
- **track** [trǽk 츠랙']

- **interpret** [intə́:rprit 인터'~퍼~트]
- **maintain** [meintéin 메인테'인]
- **train** [tréin 츠레'인]

- **talent** [tǽlənt _____]
- **battle** [bǽtl _____]
- **fatal** [féitl _____]
- **interrupt** [intərʌ́pt _____]
- **consistent** [kənsístənt _____]
- **trace** [tréis _____]

- **territory** [térətɔ́:ri _____]
- **category** [kǽtəgɔ́:ri _____]
- **fatality** [fətǽləti _____]
- **intimidate** [intímədèit _____]
- **obtain** [əbtéin _____]
- **treat** [trí:t _____]

문장에서 가려들어 보세요 (색칠된 단어)

What's the total number of tomatoes in this basket?

Doctor warned that a little amount of alcohol is fatal to your health.

An interpretor is necessary for the national interest.

We have to maintain our mountains as it is.

A new track was made for the express train.

15

h를 이용해 자음을 만들어 내요

1 h는 [ㅎ]

h는 한글의 [ㅎ]에 해당하는 발음이지만 단어 내 첫 번째 자음인 경우 또는 대명사 등의 기능어로 사용되면 묵음이 되는 경우가 발생합니다.
h의 주요 기능은 다른 자음의 뒤에 첨가되어 새로운 **자음을 생성**하는 것입니다.

큰 소리로 읽어 보세요 (빈칸 채우기)

- **h**appy [hǽpi 해′삐]
- **h**elp [hélp 헤′읖]
- **h**ungry [hʌ́ŋgri 헝′그리]
- **h**erb [hə́ːrb 허′~ㅂ, 어′~ㅂ]
- **h**is [híz, iz 히즈, 이즈]

- **h**abit [hǽbit 해′비일]
- **h**andsome [hǽnsəm 핸′썸]
- **h**ome [hóum 호′움]
- **h**our [áuər 아′우어~]
- **h**im [hím, im 히임, 이임]

- **h**armony [háːrməni _____]
- **h**uge [hjúːdʒ _____]
- **h**onest [ɑ́nist _____]

- **h**atred [héitrid _____]
- **h**eredity [hərédəti _____]
- **h**onor [ɑ́nər _____]

문장에서 가려듣어 보세요 (색칠된 단어)

I am happy to come back home.
To be honest, it is my honor to work with him.

2. chaos, cheap, chic에서 ch는 각각 [ㅋ], [ㅊ], [ㅅ]

ch는 한글의 [ㅋ], [ㅊ], [ㅅ]에 해당하는 발음이며 [ㅊ], [ㅅ]가 다른 모음과 만나면 이중모음으로 발음하며 휘파람을 부는 듯한 입 모양으로 바람을 내쉬며 무성음으로 발음합니다. 마지막 음절인 경우에는 약하게 [취]로 발음합니다.

큰 소리로 읽어 보세요 (빈칸 채우기)

- **ch**aos [kéiɑs 케′이어씨]
- a**ch**e [éik 에′익]
- **ch**ic [ʃiːk 쉬′익]
- **ch**urch [tʃə́ːrtʃ 춰어′~춰]
- **ch**aracter [kǽriktər 캐′릭터~]
- **ch**emical [kémikəl 케′므끌]
- **ch**eap [tʃiːp 취′잎]
- monar**ch** [mɑ́nərk 므′너~ㅋ]

- **ch**ronicle [krɑ́nikl _____]
- para**ch**ute [pǽrəʃùːt _____]
- **ch**arity [tʃǽrəti _____]
- **ch**asm [kǽzm _____]
- laun**ch** [lɔ́ːntʃ _____]
- stoma**ch** [stʌ́mək _____]

문장에서 가려들어 보세요 (색칠된 단어)

That cheap chemical could induce a headache.
It is a challenge for me to drink champaign in a short time.

3. ghost, tough, light에서 gh는 각각 [ㄱ], [ㆅ], [묵음]

gh는 **모음′+gh**로 끝나는 단어 또는 **모음′+gh+자음**이면 윗니로 아랫입술을 지그시 누르고 바람을 내쉬며 **단어의 받침**으로만 사용되는 순경음 [ㆅ]로 발음하거나 **묵음**이 되어 앞에 있는 모음을 복모음으로 발음하도록 합니다. gh+**모음′**이면 [ㄱ]로 발음합니다.

큰 소리로 읽어 보세요 (빈칸 채우기)

- enough [inʌ́f 으넢´흐]
- bright [bráit 브라´잍]
- daughter [dɔ́:tər 더´어러~]
- ghost [góust 고´우스ㄸ]

- tough [tʌ́f 턾흐´]
- highlight [háilàit 하´일라`잍]
- doughnut [dóunət 도´우넡]
- spaghetti [spəgéti 스뻐게´리]

- laugh [lǽf _____]
- delight [diláit _____]
- drought [dráut _____]

- cough [kɔ́f _____]
- insight [ínsàit _____]
- ghetto [gétou _____]

문장에서 가려들어 보세요 (색칠된 단어)

He is bright enough to manage this company.
My daughter want to eat spaghetti this night.

4 ph는 한글에 없는 발음입니다

ph는 자음 f와 동일한 음가를 지닌 철자입니다. 윗니로 아랫입술을 지그시 누르고 바람을 내쉬며 순경음 [ㆄ]로 발음합니다.

큰 소리로 읽어 보세요 (빈칸 채우기)

- phone [fóun ㆄ호´운]
- dolphin [dɑ́lfin 드´으ㆄ핀]
- symphony [símfəni 씸´ㆄ허니]

- phase [féiz ㆄ헤´이즈]
- nephew [néfju: 네´ㆄ휴우]
- graph [grǽfik 그랲흐´]

- philosophy [filásəfi _____]
- periphery [pərífəri _____]

- photograph [fóutəgrǽf _____]
- decipher [disáifər _____]

문장에서 가려들어 보세요 (색칠된 단어)

He uses a phase contrast technique in his photography.

The Seoul symphony orchestra has their own artistic philosophy.

5 sh는 한글의 [쉬] 발음과 같아요

sh는 한글의 [쉬]에 해당하는 발음이고 **이중모음**으로 발음하며 휘파람을 부는 듯한 입 모양을 하며 무성음으로 발음합니다. 마지막 음절인 경우에는 약하게 [쉬]로 발음합니다.

큰 소리로 읽어 보세요 (빈칸 채우기)

- **sh**ake [ʃéik 쉐′읶]
- **sh**eep [ʃíːp 쉬′잎]
- **sh**ow [ʃóu 쇼′우]
- a**sh** [ǽʃ 애′쉬]

- **sh**ip [ʃíp 쉎′]
- **sh**ine [ʃáin 쉬아′인]
- **sh**y [ʃái 쉬아′이]
- bru**sh** [brʌ́ʃ 브러′쉬]

- **sh**allow [ʃǽlou _____]
- **sh**eer [ʃíər _____]
- peri**sh** [périʃ _____]

- **sh**are [ʃɛ́ər _____]
- **sh**unt [ʃʌ́nt _____]
- publi**sh** [pʌ́bliʃ _____]

문장에서 가려들어 보세요 (색칠된 단어)

Use that shampoo to shine your hair.
She is too shy to show her talent.

6 th는 한글에 없는 소리로 [ㄸㅇ], [ㅆㅇ] 또는 [ㄷㅇ]로 발음해요

th는 한글에 존재하지 않는 발음으로서 윗니와 아랫니로 혀를 지그시 누른 후 혀를 목구멍으로 당기면서 **무성음** [ㄸㅇ], [ㅆㅇ] 또는 **유성음** [ㄷㅇ]로 발음합니다.

큰 소리로 읽어 보세요 (빈칸 채우기)

- **thanks** [θǽŋks 뜨앵′쓰]
- **then** [ðén 드에′엔]
- **bath** [bǽθ 뱃o′]
- **breath** [bréθ 브뤳′o]

- **theater** [θíːətər 쓰이′어러~]
- **there** [ðɛ́ər 드에′어~]
- **bathe** [béið 베′잍o]
- **breathe** [bríːð 브리′잍o]

- **ethnic** [éθnik _____]
- **further** [fə́ːrðər _____]
- **cloth** [klɑ́θ _____]

- **arithmetic** [əríθmətik _____]
- **weather** [wéðər _____]
- **clothe** [klóuð _____]

문장에서 가려들어 보세요 (색칠된 단어)

Thanks to the private tutor, they made an improvement in mathematics.

Take a deep breath, and then think before you take the exam.

발음 원리15 h를 이용해 자음을 만들어 내요

Step 3

강세를 알아야
진정한 영어 고수

영어가 한글과 가장 다른 점을 꼽으라면 강약의 리듬이 있다는 겁니다. 영어 정복을 위해서는 이 점을 명심해야 합니다.
영어 단어에서는 강세의 위치에 따라 주변 모음과 자음의 발음이 달라집니다. 물론 강세가 어느 위치에 오는지에 대해서도 일정한 규칙이 존재합니다. 이 장에서는 명사, 동사, 형용사를 중심으로 각 단어 내의 접미사에 의해 강세의 위치가 어떻게 결정되는지를 중심으로 강세의 규칙을 체계적으로 정리했습니다.

발음 원리

16

명사형 접미사로 강세의 위치를 알아내요

1. -t(s)ion, -ity 직전에 제1강세가 있을 때 [쉬언], [으리]

명사형 영어 단어의 특징은 단어 내의 강세 위치가 프랑스어나 스페인어처럼 외래어에서 유래된 단어가 아니라면 대체적으로 단어의 **앞쪽 모음에 존재**합니다. 하지만 -t(s)ion, -ity와 같은 명사형 **접미사**로 끝나는 경우에는 **접미사 직전의 모음**으로 **제1강세**(primary accent)의 위치가 바뀝니다. 명사형 **접미사** -ity로 끝나는 경우에는 강세를 포함하는 음절은 u 이외의 모음을 **단모음**으로 발음합니다. -t(s)ion로 끝나는 경우, 좀 더 구체적으로 -at(s)ion, -et(s)ion, -ot(s)ion, -ut(s)ion의 경우에는 강세의 모음을 **복모음**으로 발음하며 나머지의 경우 강세를 포함하는 모음을 **단모음**으로 발음합니다.

모음
ability
어빌르리

큰 소리로 읽어 보세요 (빈칸 채우기)

- addition [ədíʃən 어디'쉬언]
- position [pəzíʃən 퍼지'쉬언]
- rotation [routéiʃən 러테'이쉬언]
- mansion [mǽnʃən 맨'쉬언]
- activity [æktívəti 액티'ㅂ으리]
- community [kəmjú:nəti 커뮤'우느리]
- humidity [hju:mídəti 휴미'르리]

- edition [idíʃən 으디'쉬언]
- emotion [imóuʃən 으모'우쉬언]
- ambition [æmbíʃən 앰비'쉬언]
- pension [pénʃən 펜'쉬언]
- capacity [kəpǽsəti 커패'쓰리]
- fatality [fətǽləti 프허탤'르리]
- mobility [moubíləti 머빌'르리]

- section [sékʃən _____]
- probation [proubéiʃən _____]
- admission [ədmíʃən _____]

- sensation [senséiʃən _____]
- solution [səlú:ʃən _____]
- decision [disíʒən _____]

- hered**ity** [hərédəti _____]
- rapid**ity** [rəpídəti _____]
- nobil**ity** [noubíləti _____]
- stabil**ity** [stəbíləti _____]

문장에서 가려들어 보세요 (색칠된 단어)

He made a special connection with chairman to preserve his position.
We will make a decision after a full discussion between members.
He is well known as a man of ability in the science community.

여기서 잠깐

–tion이 접미사가 되는 경우 어원동사의 마지막 음절이 **모음+자음+자음**으로 변화하면 접미사가 붙기 전에는 복모음이었던 것이 **단모음**으로 음운 변화가 발생합니다.

- describe [diskráib 디스끄라'입]
- reduce [ridjú:s 르듀'우씨]
- consume [kənsú:m 컨쑤'움]
- convene [kənví:n 컨비'인]
- assume [əsú:m 어쑤'움]
- description [diskrípʃən 디스끄립'쉬언]
- reduction [ridʌ́kʃən 르덕'쉬언]
- consumption [kənsʌ́mpʃən 컨썸'쉬언]
- convention [kənvénʃən 컨벤'쉬언]
- assumption [əsʌ́mpʃən 어썸'쉬언]

–sion이 접미사가 되는 경우 접미사 앞에 있는 철자가 **자음**인 경우 –sion을 [–쉬언]으로 발음하고 접미사 앞에 있는 철자가 모음인 경우 –sion을 [–쥐언]으로 발음합니다.

- emulsion [imʌ́lʃən 으머'으쉬언]
- expansion [ikspǽnʃən 익쓰뺀'쉬언]
- discussion [diskʌ́ʃən 디스꺼'쉬언]
- impulsion [impʌ́lʃən 임퍼'으쉬언]
- dimension [diménʃən 드멘'쉬언]
- possession [pəzéʃən 퍼제'쉬언]

- occasion [əkéiʒən 어케'이쥐언]
- lesion [líːʒən 을리'이쥐언]
- erasion [iréiʒən 으레'이쥐언]
- collision [kəlíʒən 컬리'쥐언]

- erosion [iróuʒən 으로'우쥐언]   • conclusion [kənklúːʒən 컹클루'쥐언]

문장에서 가려들어 보세요 (색칠된 단어)

A new technology will reduce the fuel consumption by 10%.
The old theory was based on the invalid assumption.

2   모음 철자가 많은 단어에는 제2강세도 존재해요!

-t(s)ion, -ity와 같은 명사형 접미사로 끝나는 경우에는 **접미사 직전의 모음**으로 제1강세의 위치가 변경되고 제1강세로부터 2번째 앞의 모음에 **제2강세**(secondary accent)가 발생하며 u를 제외한 모음을 **단모음**으로 발음합니다.

큰 소리로 읽어 보세요 (빈칸 채우기)

- adaptation [ædəptéiʃən 애`럎테'이쉬언]
- explanation [èksplənéiʃən 엘`쓰쁠러네'이쉬언]
- proposition [prɑ̀pəzíʃən 프ㄹ`뻐지'쉬언]
- disability [dìsəbíləti 디`써빌'르리]
- negativity [nègətívəti 네`거티'ㅂ으리]

- excitation [èksətéiʃən _____]
- repetition [rèpətíʃən _____]
- salutation [sæ̀ljutéiʃən _____]

- originality [ərìdʒənǽləti _____]
- serendipity [sèrəndípəti _____]

문장에서 가려들어 보세요 (색칠된 단어)

Adaptation is the best way of survival in evolution.
Originality is the basis of a high quality paper.

발음 원리

17

동사형 접미사로
강세의 위치를
알아내요

1 -ify로 끝나는 동사에서 [프하`이]

동사형 영어 단어의 특징은 단어 내의 강세 위치가 프랑스어나 스페인어처럼 외래어에서 유래된 단어가 아니라면 대체적으로 단어의 뒤쪽 모음에 존재합니다. 하지만 동사형 **접미사 -ify**로 끝나는 경우에는 **접미사 직전의 모음**에 **강세**(accent)가 존재하며 u를 제외한 모음을 **단모음**으로 발음합니다.

제1강세 • · • 제2강세

spécifỳ
스뻬쓰프하이

큰 소리로 읽어 보세요 (빈칸 채우기)

- class**ify** [klǽsəfài 클래′쓰프하`이]
- just**ify** [dʒʌ́stəfài 줘′스뜨프하`이]
- mod**ify** [mɑ́dəfài 마′르프하`이]
- not**ify** [nóutəfài 노′우르프하`이]
- simpl**ify** [símpləfài 씸′플르프하`이]
- test**ify** [téstəfài 테′스뜨프하`이]
- humid**ify** [hjuːmídəfài 휴미′르프하`이]

- exempl**ify** [igzémpləfài _____]
- intens**ify** [inténsəfài _____]
- sign**ify** [sígnəfài _____]
- syllab**ify** [silǽbəfài _____]

문장에서 가려들어 보세요 (색칠된 단어)

Modify your theory to justify your experiment.
To simplify the screening process, we have to intensify the quality.

2 –is(z)e로 끝나는 동사에서 [아'이즈]

–is(z)e와 같은 동사형 **접미사**로 끝나는 경우에는 접미사로부터 **2번째 앞의 음절**의 모음에 강세가 존재하며 u를 제외한 모음을 주로 **단모음**으로 발음합니다. 하지만 **어원**에 –is(z)e를 붙여서 만든 동사인 경우 어원의 강세를 따릅니다.

제1강세 • — éxerc**ìze** — • 제2강세
엘쎄~싸이즈

ⓒ 큰 소리로 읽어 보세요 (빈칸 채우기)

- advert**ise** [ǽdvərtàiz 애'드ㅂ어~타'이즈]
- comprom**ise** [kámprəmàiz 컴'퍼~마'이즈]   } 1) 어원이 존재하지 않는 경우
- recogn**ize** [rékəgnàiz 레'컥나'이즈]

- apolog**ize** [əpáːlədʒàiz 어플'러좌'이즈]
- critic**ize** [krítəsàiz 크리'르싸'이즈]   } 2) 어원이 존재하는 경우
- capital**ize** [kǽpətəlàiz 캐'쁘럴라'이즈]

- superv**ise** [súːpərvàiz _____]
- util**ize** [júːtəlàiz _____]   } 1) 어원이 존재하지 않는 경우
- character**ize** [kǽriktəràiz _____]   } 2) 어원이 존재하는 경우
- mineral**ize** [mínərəlàiz _____]

ⓒ 문장에서 가려들어 보세요 (색칠된 단어)

Apologize in public before they criticize your misbehavior.
The C.E.O. emphasizes to capitalize on internet game.

18

어원의 강세와 동일한 형용사형 접미사

1   –a(i)ble[어블]_ 어원과 같은 위치에 강세가 존재해요

–a(i)ble은 "~할 능력 있는", "~하기에 적당한"이라는 **수동적 의미의 형용사형 접미사**이며 [어블]로 발음합니다. 주로 **어원**의 강세와 같은 위치에 강세가 존재하며, –rable로 끝나는 경우에는 [어~블]로 발음합니다. 어원이 같은 다른 형용사가 있는 경우에 강세의 위치가 변화합니다(–ate, –tive 등의 형용사형 접미사에 비해 후순위).

어원의 강세

excúsable
익쓰큐저블

큰 소리로 읽어 보세요 (빈칸 채우기)

- acceptable [ækséptəbl 액쎕'터블]
- changeable [tʃéindʒəbl 췌'인쥐어블]
- disposable [dispóuzəbl 디스뽀'우저블]
- considerable [kənsídərəb 컨씨'러~블]

- blamable [bléiməbl 블레'이머블]
- credible [krédəbl 크레'러블]
- bearable [béərəbl 베어~블]

- reasonable [ríːzənəbl _____]
- thinkable [θíŋkəbl _____]
- practicable [præktikəbl _____]
- wearable [wéərəbl _____]

- responsible [rispánsəbl _____]
- escapable [iskéipəbl _____]
- memorable [mémərəbl _____]

문장에서 가려들어 보세요 (색칠된 단어)

His behavior is not acceptable but blamable.
Soil pollution is not escapable if we use many disposable cups.

It is not thinkable that he made such a memorable speech.
A considerable research fund was used to make a wearable computer.

2 –ful[프훌]_ 어원과 같은 위치에 강세가 존재해요

–ful은 "~가 충만한"의 뜻을 지닌 형용사형 접미사입니다. 주로 **어원**에서의 강세 위치와 같은 곳에 강세가 존재하며 **[프훌]**로 발음합니다.

큰 소리로 읽어 보세요 (빈칸 채우기)

- care**ful** [kɛ́ərfəl 케'어~프훌]
- doubt**ful** [dáutfəl 다'울프훌]
- fear**ful** [fíərfəl 프히'어~프훌]
- grace**ful** [gréisfəl 그레'이쓰프훌]
- harm**ful** [háːrmfəl 하'어~ㅁ프훌]
- joy**ful** [dʒɔ́ifəl 죠'이프훌]

- meaning**ful** [míːniŋfəl _____]
- pain**ful** [péinfəl _____]
- peace**ful** [píːsfəl _____]
- respect**ful** [rispéktfəl _____]
- skill**ful** [skílfəl _____]
- success**ful** [səksésfəl _____]
- use**ful** [júːsfəl _____]

문장에서 가려들어 보세요 (색칠된 단어)

Be careful when working with a doubtful person.
Scientists are fearful of the harmful effect of atomic energy.

The conference was successful due to the skillful management.
A meaningful result can be obtained through a painful effort.

19

접미사 직전의 모음에 강세가 존재하는 형용사형 접미사

1 -ic[익]_ 접미사 직전의 모음에 제1강세가 존재해요!

-ic은 "~에 속하는", "~에 관한"의 뜻을 나타내는 형용사형 접미사입니다. 접미사 직전의 모음에 **제1강세**가 존재하며 u를 제외한 모음을 **단모음**으로 발음합니다. 또 모음 철자가 많은 단어인 경우에는 제2강세도 존재하며 주로 제1강세로부터 2번째 앞의 모음에 **제2강세**가 발생하며 u를 제외한 모음을 **단모음**으로 발음합니다.

큰 소리로 읽어 보세요 (빈칸 채우기)

- cosmetic [kɑzmétik 커즈메′릭]
- democratic [dèməkrǽtik 데`머크래′릭]
- energetic [ènərdʒétik 에`너~쮀′릭]
- fantastic [fæntǽstik 프핸태′스띡]
- enthusiastic [inθùːziǽstik 인쓰우`지애′스띡]
- analytic [ǽnəlítik 애`널리′릭]
- atomic [ətámik 어타′믹]
- economic [èkənámik 에`꺼느′믹]
- historic [histárik 히스따′릭]

- organic [ɔːrgǽnik _____]
- specific [spisífik _____]
- statistic [stətístik _____]
- systematic [sìstəmǽtik _____]
- pacific [pəsífik _____]
- scientific [sàiəntífik _____]
- terrific [tərífik _____]

문장에서 가려들어 보세요 (색칠된 단어)

Dropping the atomic bomb in Japan is a historic occasion.
He is an energetic and enthusiastic man.

A statistic and systematic analysis is required in the scientific field.
Usually, organic foods have a specific taste and flavor.

20

접미사로부터 2번째 앞 모음에 강세가 존재하는 형용사형 접미사

1. –a(o)ry[에리], [오리]_ 접미사로부터 2번째 앞 모음에 강세가 존재

–a(o)ry는 "~에 관한", "~에 소속된"의 뜻을 지닌 형용사형 접미사. 어원이 존재하는 경우 **어원의 강세**를 따르지만 어원이 같은 다른 형용사가 있는 경우에 강세의 위치가 변화합니다(–ate, –tive 등의 형용사형 접미사에 비해 후순위). 어원이 없는 경우 주로 접미사로부터 **2번째 앞의 모음**에 강세가 존재하며 강세를 포함하는 음절은 u 이외의 모음을 **단모음**으로 발음합니다.

nécessàry
네쓰쎼리

큰 소리로 읽어 보세요 (빈칸 채우기)

1) 어원이 존재하는 경우
- circulat**ory** [sə́ːrkjulətɔ́ːri 써́~뀰러토́`리]
- disciplin**ary** [dísəplinèri 디́쓰쁠리네`리]
- honor**ary** [ɑ́nərèri 아́너레`리]
- introduct**ory** [ìntrədʌ́ktəri 인`터~덕́`터리]

- imagin**ary** [imǽdʒənèri _____]
- oscillat**ory** [ɑ́sələtɔ́ːri _____]
- regulato**ory** [régjulətɔ́ːri _____]
- satisfact**ory** [sæ̀tisfǽktəri _____]

2) 어원이 존재하지 않는 경우
- arbitr**ary** [ɑ́ːrbətrèri 아́어~비츠레`리]
- contempor**ary** [kəntémpərèri 컨템́`퍼레`리]

- milit**ary** [mílitèri 밀′르테`리]
- ordin**ary** [ɔ́ːrdənèri 오′어~르네`리]

- obligat**ory** [əblígətɔ́ːri _____]
- sanit**ary** [sǽnətèri _____]
- sedent**ary** [sédntèri _____]
- volunt**ary** [váləntèri _____]

문장에서 가려들어 보세요 (색칠된 단어)

His introductory address was not satisfactory to the committee.

He is an honorary member of the regulatory reform committee.

It is obligatory for man to do a military service in Korea.

It is difficult for the ordinary people to understand contemporary art.

2. –a(e, i, o, u)te[잍], [욷]_ 접미사로부터 2번째 앞 모음에 강세가 존재해요

–a(e, i, o, u)te는 "~를 존재, 소유하게 하는"이란 뜻의 형용사형 접미사이며 [잍], [욷]으로 발음합니다.

1) 접미사로부터 **2번째 앞의 모음**에 강세가 존재하며 강세를 포함하는 음절은 u 이외의 모음을 **단모음**으로 발음합니다.

séparate
쎄뻐맅

큰 소리로 읽어 보세요 (빈칸 채우기)

- absolute [ǽbsəlùːt 앱′썰루`욷]
- accurate [ǽkjurət 애′뀨맅]
- definite [défənit 데′프흐닡]
- delicate [délikət 델′르킽]

- obsolete [ɑ́bsəlíːt _____]
- passionate [pǽʃənət _____]
- ultimate [ʌ́ltəmət _____]
- infinite [ínfənət _____]
- legitimate [lidʒítəmət _____]

여기서 잠깐

–a(e, i, o, u)te로 끝나더라도 품사가 **동사**인 경우에는 마지막 음절을 [잍], [욷]으로 발음하지 않고 a(e, i, o, u)의 복모음으로 발음합니다.

- accelerate [æksélərèit 액쎌′르레`잎]
- celebrate [séləbrèit 쎌′르브레`잎]
- constitute [kɑ́nstətjùːt 큰′스뜨튜`욷]

- exec**ute** [éksikjùːt _____] •orig**inate** [ərídʒənèit _____]
- manip**ulate** [mənípjulèit _____]

2) 모음+접미사인 경우에 바로 앞 음절의 모음으로 강세가 이동합니다.

큰 소리로 읽어 보세요 (빈칸 채우기)

- asso**ciate** [əsóuʃièit 어쏘´우쉬에`일]
- appro**priate** [əpróupriət 어프로´우프리얼]
- eva**luate** [ivǽljuèit 으브앨´류에`일]
- gra**duate** [grǽdʒuèit 그래´쥬에`일]
- appre**ciate** [əpríːʃièit 어프리´이쉬에`일]

- deli**neate** [dilínièit _____]
- imme**diate** [imíːdiət _____]
- ini**tiate** [iníʃièit _____]
- si**tuate** [sítʃuèit _____]
- abbre**viate** [əbríːvièit _____]

문장에서 가려들어 보세요 (색칠된 단어)

This tool is delicate enough to be used for an accurate measurement.

Our ultimate goal is an absolute victory.

Do you know how to manipulate this machine?

This book is originated from his new idea.
It is not appropriate for his being a Nobel laureate.
We will evaluate your grade, which is associated with your admission.

3   –lar[러~]_ 접미사로부터 2번째 앞 모음에 강세가 존재해요

-lar는 "~한 존재, 성질"의 뜻을 지닌 형용사형 접미사입니다. 접미사로부터 2번째 앞 모음에 강세가 존재하며 강세를 포함하는 음절은 u 이외의 모음을 **단모음**으로 발음합니다.

큰 소리로 읽어 보세요 (빈칸 채우기)

- cellular [séljulər 쎄′을룰러~]
- circular [sə́:rkjulər 써′~뀰러~]
- popular [pápjulər 프′뺠러~]
- regular [régjulər 레′귤러~]
- particular [pərtíkjulər 퍼~티′뀰러~]

- globular [glάbjulər _____]
- molecular [məlékjulər _____]
- muscular [mʌ́skjulər _____]
- singular [síŋgjulər _____]
- spectacular [spektǽkjulər _____]

문장에서 가려들어 보세요 (색칠된 단어)

DMB cellular phone is popular in this country.
He has a particular interest in molecular biology.
A regular exercise is necessary for your muscular strength.
I have never seen such a spectacular scenery.

발음 원리

21

접미사를 포함한 음절 앞의 철자에 따라 강세의 위치가 변해요

1 –al[을]_ 접미사를 포함한 마지막 음절 직전의 철자에 주의!

-al은 "~한 성질이 있다"는 뜻의 형용사형 접미사이며 [을]로 발음합니다. 접미사를 포함한 **마지막 음절** 직전 철자가 자음이냐 모음이냐에 따라 강세의 위치가 변합니다.

1) 자음+마지막 음절(접미사 포함)인 경우에 접미사 **직전의 모음**에 강세가 존재하며 강세를 포함하는 음절의 모음을 **단모음**으로 발음합니다.

큰 소리로 읽어 보세요 (빈칸 채우기)

- integral [íntəgrəl 인테́그를]
- accidental [æksədéntl 액쓰데́늘]
- parental [pəréntl 퍼레́늘]
- universal [jùːnəvə́ːrsəl 유̀우느버́ː~쓸]

- abysmal [əbízməl _____]
- colossal [kəlásəl _____]
- horizontal [hàrəzántl _____]
- maternal [mətə́ːrnl _____]

2) **모음+마지막 음절(접미사 포함)**인 경우에 접미사로부터 **2번째 앞 모음**에 강세가 존재하며 강세를 포함하는 음절은 u 이외의 모음을 **단모음**으로 발음합니다.

큰 소리로 읽어 보세요 (빈칸 채우기)

- general [dʒénərəl 줴́느를]
- musical [mjúːzikəl 뮤́우즈끌]
- original [ərídʒənl 어리́쥐늘]
- historical [histárikəl 히스또́르끌]
- national [nǽʃnl 내́쉬어늘]

- botanical [bətǽnikəl _____]
- peripheral [pərífərəl _____]
- constitutional [kɑ̀nstətjúːʃənl _____]
- equivocal [ikwívəkəl _____]
- statistical [stətístikəl _____]

3) -i(u)al과 같이 **모음+접미사(al)**로 끝나는 단어에서는 **모음+접미사** 직전 음절의 모음으로 강세가 이동하며 **[이얼], [유얼]**로 발음합니다.

큰 소리로 읽어 보세요 (빈칸 채우기)

- continual [kəntínjuəl 컨티′뉴얼]
- eventual [ivéntʃuəl 으ㅂ엔′츄얼]
- individual [indəvídʒuəl 이`ㄴㅂ이′쥬얼]
- material [mətíəriəl 머티′어~이얼]
- commercial [kəmə́ːrʃəl 커머′~쉬얼]

- celestial [səléstʃəl _____]
- terrestrial [təréstriəl _____]
- circumstantial [səːrkəmstǽnʃəl _____]
- microbial [maikróubiəl _____]
- preferential [prèfərénʃəl _____]

문장에서 가려들어 보세요 (색칠된 단어)

His abnormal behavior is inherited because of maternal gene defect.
It is universal that smoking is detrimental to public health.
Who is the original writer that composed our national anthem?
It is natural that human right is the core of Constitutional law.
The existence of extraterrestrial beings is controversial.
A continual broadcasting makes this commercial film popular.

2 –a(e)nt[언ㅌ], [은ㅌ]_ 접미사를 포함한 음절 앞의 철자에 주의!

–a(e)nt는 "~한 성격, 상태의"란 뜻을 지닌 접미사이며 **[언ㅌ]**, **[은ㅌ]**로 발음합니다. 접미사를 포함한 **마지막 음절** 직전 철자가 자음이냐 모음이냐에 따라 강세의 위치가 변합니다.

1) **자음+마지막 음절(접미사 포함)**인 경우에 접미사 **직전의 모음**에 강세가 존재하며 강세를 포함하는 음의 모음을 **단모음**으로 발음합니다.

🔊 큰 소리로 읽어 보세요 (빈칸 채우기)

- attend**ant** [əténdənt 어텐'던트]
- emerg**ent** [imə́ːrdʒənt 으머'~쥐언트]
- depend**ent** [dipéndənt 드펜'든트]
- exist**ent** [igzístənt 익지'쓰은-]
- insist**ent** [insístənt 인씨'쓴-]
- import**ant** [impɔ́ːrtənt 임포'어~은-]

- reluct**ant** [rilʌ́ktənt _____]
- consist**ent** [kənsístənt _____]
- senesc**ent** [sinésnt _____]
- malign**ant** [məlígnənt _____]
- reminisc**ent** [rèmənísnt _____]

2) 모음+마지막 음절(접미사 포함)인 경우에 접미사로부터 2번째 앞 모음에 강세가 존재하며 강세를 포함하는 음절은 u 이외의 모음을 **단모음**으로 발음합니다.

🔊 큰 소리로 읽어 보세요 (빈칸 채우기)

- dilig**ent** [dílədʒənt 딜'르쥐은트]
- conson**ant** [kánsənənt 큰'써넌트]
- eleg**ant** [éligənt 엘'르건트]
- signific**ant** [signífikənt 씩니'프흐껀트]
- intellig**ent** [intélədʒənt 인테'을르쥐은트]

- arrog**ant** [ǽrəgənt _____]
- innoc**ent** [ínəsənt _____]
- particip**ant** [pɑːrtísəpənt _____]
- compet**ent** [kámpətənt _____]
- consequ**ent** [kánsəkwənt _____]

여기서 잠깐

-rent로 끝나는 단어에서는 반모음 r의 영향으로 어원과 같은 위치에 강세가 존재합니다.

- appa**rent** [əpǽrənt 어패′른트]
- diffe**rent** [dífərənt 디′프흐른트]
- cohe**rent** [kouhíərənt 코우히′어~른트]
- dete**rrent** [ditə́ːrənt 드터′~른트]
- occu**rrent** [əkʌ́rənt 어커′른트]

3) -i, u+a(e)nt와 같이 **모음+접미사**로 끝나는 단어에서는 **모음+접미사** 직전 음절의 모음으로 강세가 이동하며 **[이언], [유언]**으로 발음합니다.

큰 소리로 읽어 보세요 (빈칸 채우기)

- brilli**ant** [bríljənt 브리′을리언트]
- conveni**ent** [kənvíːnjənt 컨ㅂ이′이니언트]
- effici**ent** [ifíʃənt 으프히′쉬언트]
- recipi**ent** [risípiənt 르씨′삐언트]

- constitu**ent** [kənstítʃuənt _____]
- obedi**ent** [oubíːdiənt _____]
- suffici**ent** [səfíʃənt _____]

문장에서 가려들어 보세요 (색칠된 단어)

The success of education is dependent on the consistent policy.

Human being is reluctant to be senescent.

Consequently, he is proven to be innocent.

She is elegant not arrogant.

It is apparent that knowledge is different from wisdom.

It is efficient to use a convenient store for sending small package.

The brilliant diamond is sufficient for engagement ring.

3　-ous[어쓰]_ 접미사를 포함한 음절 앞의 철자에 주의!

-ous는 "~의 성격, 성질의"란 뜻을 지닌 형용사형 접미사이며 [~어쓰]로 발음합니다. 접미사를 포함한 **마지막 음절** 직전 철자가 자음이냐 모음이냐에 따라 강세의 위치가 변합니다.

1) **자음+마지막 음절(접미사 포함)**인 경우에 접미사 **직전의 모음**에 강세가 존재하며 강세를 포함하는 음절의 모음을 **단모음**으로 발음합니다.

큰 소리로 읽어 보세요 (빈칸 채우기)

• filamentous [filəméntəs 프힐`러멘´터쓰]

- moment**ous** [mouméntəs 머멘́터쓰]
- enorm**ous** [inɔ́:rməs 으노́어~머쓰]

- horrend**ous** [hɔ:réndəs _____]
- tremend**ous** [triméndəs _____]

2) 모음+마지막 음절(접미사 포함)인 경우에 접미사로부터 2번째 앞 모음에 강세가 존재하며 강세를 포함하는 음절은 u 이외의 모음을 **단모음**으로 발음합니다.

🗣 큰 소리로 읽어 보세요 (빈칸 채우기)

- anomal**ous** [ənámələs 어나́멀러쓰]
- humor**ous** [hjú:mərəs 휴́우머~쓰]
- ridicul**ous** [ridíkjuləs 르디́큘러쓰]
- gener**ous** [dʒénərəs 줴́느러쓰]
- infam**ous** [ínfəməs 인́프허머쓰]
- numer**ous** [njú:mərəs 뉴́우머~어쓰]

- anonym**ous** [ənánəməs _____]
- miracul**ous** [mirǽkjuləs _____]
- ubiquit**ous** [ju:bíkwətəs _____]
- marvel**ous** [má:rvələs _____]
- monoton**ous** [mənátənəs _____]
- unanim**ous** [ju:nǽnəməs _____]

3) –e(i, u)+ous와 같이 **모음+접미사**로 끝나는 단어에서는 **모음+접미사** 직전 음절의 모음으로 강세가 이동하며 [이어ㅆ], [유어ㅆ]로 발음합니다.

큰 소리로 읽어 보세요 (빈칸 채우기)

- courag**eous** [kəréidʒəs 커레´이쥐어ㅆ]
- erron**eous** [iróuniəs 으로´우니어ㅆ]
- harmon**ious** [hɑːrmóuniəs 허~모´우니어ㅆ]
- industr**ious** [indʌ́striəs 인더´스쯔리어ㅆ]
- luxur**ious** [lʌgʒúəriəs 을럭쥬´어~이어ㅆ]
- notor**ious** [nətɔ́ːriəs 너토´어~이어ㅆ]
- relig**ious** [rilídʒəs 를리´쥐어ㅆ]
- victor**ious** [viktɔ́ːriəs 빅토´어~이어ㅆ]

- ambigu**ous** [æmbígjuəs _____]
- conspicu**ous** [kənspíkjuəs _____]
- deleter**ious** [dèlitíəriəs _____]
- labor**ious** [ləbɔ́ːriəs _____]
- outrag**eous** [autréidʒəs _____]
- simultan**eous** [sàiməltéiniəs _____]

문장에서 가려들어 보세요 (색칠된 단어)

A momentous decision will be made for division of the enormous inheritance.
This new drug will tremendously affect our daily life.

An anonymous patron has donated all the research fund.
The ubiquitous network is a miraculous technology of 21st century.
His ambiguous position is not good for keeping harmonious relationship.
She was notorious for her luxurious spending.

4 –t[s]ive[팁ㅇ], [씹ㅇ]_ 접미사를 포함한 음절 앞의 철자에 주의!

–t(s)ive는 "~한 성격, 경향의"란 뜻을 지닌 형용사형 접미사이며 **[팁ㅇ]**, **[씹ㅇ]**로 발음합니다. 접미사 직전의 철자에 따라 강세의 위치가 변화합니다.

1) **-자음+t(s)ive**인 경우에 접미사 직전의 모음에 강세가 존재하며 강세를 포함하는 음절은 **단모음**으로 발음합니다.

큰 소리로 읽어 보세요 (빈칸 채우기)

- attrac**tive** [ətrǽktiv 어츠랙′팁ㅇ]
- effec**tive** [iféktiv 으프헥′팁ㅇ]
- impres**sive** [imprésiv 임프레′씹ㅇ]
- mas**sive** [mǽsiv 매′씹ㅇ]
- respec**tive** [rispéktiv 리스뻭′팁ㅇ]
- defen**sive** [difénsiv 드프헨′씹ㅇ]
- expen**sive** [ikspénsiv 익쓰뻰′씹ㅇ]
- inten**sive** [inténsiv 인텐′씹ㅇ]
- objec**tive** [əbdʒéktiv 업췍′팁ㅇ]
- selec**tive** [siléktiv 쓸렉′팁ㅇ]

- connec**tive** [kənéktiv _____]
- corrup**tive** [kərʌ́ptiv _____]
- exces**sive** [iksésiv _____]
- exten**sive** [iksténsiv _____]
- instinc**tive** [instíŋktiv _____]
- permis**sive** [pərmísiv _____]
- sugges**tive** [sədʒéstiv _____]

2) -모음+tive인 경우, 어원에 강세가 2개 이상 있으면 **어원**의 제1 강세 위치와 동일한 위치에 강세가 존재하며 접미사 -tive 앞의 모음 a를 [**에이**]로 발음합니다. 어원에 강세가 **1개** 있으면 접미사로부터 **2번째 앞 모음**에 강세가 존재하며 u 이외의 모음은 **단모음**으로 발음하고 접미사 -tive 앞의 모음 a, i를 쉬와 현상에 의해 [**어**], [**의**]로 발음합니다.

큰 소리로 읽어 보세요 (빈칸 채우기)

1) 어원에 강세가 2개 이상 있는 경우

- educa**tive** [édʒukèitiv 에′쥬케`이립o]
- genera**tive** [dʒénərèitiv 줴′느레`이립o]
- investiga**tive** [invéstigèitiv 인ㅂ에′스뜨게`이립o]
- opera**tive** [ápərèitiv o′쁘레`이립o]
- representa**tive** [rèprizéntətiv 레`쁘레~제`너립o]
- stimula**tive** [stímjulèitiv 스띠′뮬레`이립o]

- accumula**tive** [əkjúːmjulèitiv _____]
- collabora**tive** [kəlǽbərèitiv _____]
- hesita**tive** [hézətèitiv _____]
- specula**tive** [spékjulèitiv _____]

2) 어원이 없거나 어원에 강세가 1개 있는 경우

- comp**a**r**ative** [kəmpǽrətiv 컴패́러립이]
- comp**e**ti**tive** [kəmpétətiv 컴페́르립이]
- cons**e**rv**ative** [kənsə́:rvətiv 컨써́~ㅂ어립이]
- inform**ative** [infɔ́:rmətiv 인프호́어~머립이]
- perform**ative** [pərfɔ́:rmətiv 퍼~프호́어~머립이]
- pos**itive** [pázətiv 파́즈립이]
- rel**ative** [rélətiv 렐́러립이]
- sens**itive** [sénsətiv 쎈́쓰립이]
- talk**ative** [tɔ́:kətiv 토́으커립이]

- defin**itive** [difínətiv _____]
- deriv**ative** [dirívətiv _____]
- evoc**ative** [ivákətiv _____]
- prim**itive** [prímətiv _____]
- repet**itive** [ripétətiv _____]

문장에서 가려들어 보세요 (색칠된 단어)

His proposal is very attractive and impressive.

A new missile system is very effective for defensive purpose.

The screening committee keeps an objective position to respective proposals.

This investigative team is the representative member of our team.

The statistics provides both accumulative and quantitative results.

The conservative party is highly competitive in the upcoming election.

He is very talkative and repetitive when drunken.

발음 때문에 대략난감!

켄터키가 아니었어?! 미국에서 내가 맨 처음 간 곳은 Kentucky주에 자리한 도시 렉싱턴이었다. 나는 Northwest 항공을(당시 항공 요금이 가장 저렴했던 항공사) 타고 그곳에 갔다.

Northwest 비행기 기내에는 한국인 스튜어디스도 없고 손님은 대부분 외국인이었다. 마침 내 옆 좌석에는 미국인이 앉아 있었다. 영어로 이런저런 대화를 해야 하는 상황이었다. 모든 대화가 흔히 그렇듯 간단한 신변잡기적 이야기를 나누던 중에 그가 내게 목적지가 어디냐고 물었다. 나는 "켄터키"라고 대답하였다. 국내에서 '켄터키 프라이드치킨'이 이미 제법 알려진 치킨 전문점 아니었던가. 그런데 이 미국인은 내 말을 전혀 알아듣지 못하는 눈치였다. 결국 철자를 하나하나 말해 주었고, 그에게서 되돌아온 말은 "켄터키"가 아닌 "큰터′키"였다. **강세의 중요성**을 새삼 깨닫게 된 순간이었다.

미국인	Where are you going?
나	K-E-N-T-U-C-K-Y[켄′터키].
미국인	Oh! KENTUCKY[큰터′키].

형용사형 접미사에 따른 강세

종류	형태					
접미사 포함한 음절	\-al [올]		\-a(e)nt [언트], [은트]		\-ous [어쓰]	
	자음+끝절: 접미사 직전 모음에 강세	모음+끝절: 접미사로부터 2번째 모음에 강세	자음+끝절: 접미사 직전 모음에 강세	모음+끝절: 접미사로부터 2번째 모음에 강세	자음+끝절: 접미사 직전 모음에 강세	모음+끝절: 접미사로부터 2번째 모음에 강세
	paréntal	original	depéndent	significant	enórmous	miráculous
어원과 같은 강세	\-a(i)ble [어블]		\-ful [프흘], [프헐]		\-t(s)ive [팁ㅇ], [씹ㅇ]	
	어원의 강세와 같은 위치에 강세가 존재		어원의 강세와 같은 위치에 강세가 존재		모음+t(s)ive인 경우 어원의 강세와 같은 위치에 강세가 존재	
	blámable		úseful		éducative	
접미사로부터 2번째 앞 모음	\-a(o)ry [에리], [오리]		\- a(e, i, o, u)te [일], [울]		\-lar [러~]	
	접미사로부터 2번째 앞 모음에 강세가 존재		접미사로부터 2번째 앞 모음에 강세가 존재		접미사로부터 2번째 앞 모음에 강세가 존재	
	vóluntary		última**te**		múscular	
접미사 직전의 모음	\-ic [잌]				\-t(s)ive [팁ㅇ], [씹ㅇ]	
	접미사 직전 모음에 제1강세				자음+\-t(s)ive 인 경우 접미사 직전 모음에 강세가 존재	
	atómic				seléctive	
모음 + 접미사	\-al, –a(e)nt, –a(o)ry, – a(e, i, o, u)te, –ous					
	모음+접미사인 경우에 직전 음절의 모음에 강세가 존재					
	evéntual, effícient, subsídiary, eváluate, delícious					

Step 4

발음 현상만 알아도
입과 귀가 트인다

영어도 한글과 같은 표음문자이므로 문장 내의 발음 현상에서도 한글과 유사한 규칙이 적용됩니다. 따라서 한글에서 사용되는 자음동화, 구개음화, 연음법칙 등의 다양한 발음 현상이 영어에도 존재하며, 이를 영어에도 적용하면 영어 청음과 발음에 크게 도움이 되리라 확신합니다. 또 역위 현상과 같은 영어만의 특수한 발음 현상에 대한 논리적 이해를 통해 영어 발음에 자신감을 가질 수 있습니다.

영어의 발음 현상을 국어처럼 받아들이고 연습하다 보면 듣기와 말하기에 능통해집니다.

발음 원리

22

비슷한 자음끼리 발음이 동화돼요

1 자음동화

국어의 **자음접변** 현상과 유사한 음운 현상이라고 볼 수 있습니다. 즉 앞 음절의 받침과 뒤 음절의 두음에 있는 자음 사이에 상호 영향을 주어 음운이 변하는 현상입니다. 한글의 경우 곤란[골란], 난로[날로], 국물[궁물], 생략[생냑]처럼 **2개의 연속해 있는 자음** 사이에서 다양한 자음의 변화가 발생합니다. 하지만 영어에서는 **2개의 유사한 음운**의 자음이 접해 있는 경우 앞에 있는 자음 음운이 뒤에 있는 자음 음운으로 **동화**되어 뒤에 있는 자음 철자의 발음만을 하는 현상입니다.

연접 유사자음

큰 소리로 읽어 보세요 (빈칸 채우기)

- **lucky** [lʌ́ki 을러′끼]
- **bedtime** [bédtàim 베′타′임]
- **apply** [əplái 어쁠라′이]
- **breadth** [brédθ 브레′ㅆ으]
- **sparrow** [spǽrou 스빼′로우]

- **middle** [mídl 미′를]
- **cunning** [kʌ́niŋ 커′닝]
- **bubble** [bʌ́bl 버′블]
- **missile** [mísəl 미′쓸]
- **puzzle** [pʌ́zl 퍼′즐]

- **attack** [ətǽk _____]
- **suggest** [sədʒést _____]
- **community** [kəmjú:nəti _____]
- **obvious** [ábviəs _____]

- **ascend** [əsénd _____]
- **helpful** [hélpfəl _____]
- **subprime** [sʌ́bpráim _____]
- **accumulate** [əkjú:mjulèit _____]

문장에서 가려들어 보세요 (색칠된 단어)

It is obvious that he always seems so lucky.

Is she one of the successful person in this school?
Good to hear that he applied a private middle school.
Is there any fast train in this station?
We got to defend our country from enemy's missile attack.

발음 원리

23

상황에 따라 d, t 발음이 변화해요

1 구개음화

한글의 구개음화 현상과 유사한 음운 현상입니다. 굳이[구지], 미닫이[미다지], 새벽같이[새벽가치], 낱낱이[난나치], 금붙이[금부치]처럼 한글에서는 앞 음절의 받침자음이 [ㄷ] 또는 [ㅌ]이고 뒤 음절이 모음 [이]로 시작하는 경우에 받침자음 [ㄷ], [ㅌ]가 구개음인 [지], [치]로 변화하는 현상을 말합니다.

한글의 구개음화 현상과 유사하게 영어에서도 d[ㄷ], t[ㅌ]인 철자 다음에 반모음 r이 오거나 –ture로 끝나는 단어, 문장에서 앞 단어의 마지막 철자가 d[ㄷ], t[ㅌ]로 끝나고 다음 단어가 you로 시작하는 경우에 [ㄷ], [ㅌ]가 구개음인 [지], [치]로 발음되는 현상입니다.

trée
츠리이

큰 소리로 읽어 보세요 (빈칸 채우기)

- **a**dd**r**ess [ədrés 어즈레′씨]
- **dr**eam [drí:m 즈리′임]
- hun**dr**ed [hʌ́ndrəd 헌′즈릳]
- **tr**ade [tréid 츠레′읻]
- con**tr**ol [kəntróul 컨츠로′울]
- at**tr**act [ətrǽkt 어츠랙′트]
- na**tu**re [néitʃər 네′이춰~]

- be**dr**oom [bédrù:m 베즈루움′]
- **dr**ink [dríŋk 즈링′크]
- **dr**ama [drǽmə 즈래′머]
- **tr**eat [trí:t 츠리′읻]
- en**tr**y [éntri 엔′츠리]
- pa**tr**ol [pətróul 퍼츠로′울]
- pic**tu**re [píktʃər 픽′춰~]

- **dr**own [dráun _____]
- syn**dr**ome [síndrəm _____]
- **tr**ace [tréis _____]

- **dr**ain [dréin _____]
- laun**dr**y [lɔ́:ndri _____]
- **tr**igger [trígər _____]

- **contraction** [kəntrǽkʃən _____]   - **betray** [bitréi _____]
- **capture** [kǽptʃər _____]   - **mature** [mətjúər _____]

문장에서 가려들어 보세요. (색칠된 단어)

Could you tell me how to drive to Seoul Museum of Natural History?
Did you start your homework?
Why don't you take a break for drinking coffee?
Could you tell me how to capture his mind?
I'll not let you drive after drinking.

발음 원리

24

자연스럽게 연음으로 발음하세요

1 연음법칙

한글의 연음법칙과 동일한 음운 현상입니다. 연음법칙[여늠법칙], 못난이[몬나니], 나날이[나나리]처럼 앞 음절의 받침자음이 모음 [이]로 시작되는 뒤 음절을 만날 때 앞 음절의 받침자음이 뒤 음절의 두음으로 전이되어 발음되는 음운 현상입니다.

영어에서도 뒤 음절의 두음이 [o]로 시작하는 경우 앞 음절 받침자음이 뒤 음절의 **두음으로 전이**되는 연음 현상이 발생합니다.

héadàche
헤데잌

큰 소리로 읽어 보세요 (빈칸 채우기)

- disability [dìsəbíləti 디써빌′르리]
- disorder [disɔ́ːrdər 드쏘′어~더~]
- misuse [misjúːs 미쓔′우쓰]
- unusual [ʌnjúːʒuəl 어뉴′우쥬얼]
- unemployed [ʌ̀nimplɔ́id 어님플로′이읻]
- unequal [ʌníːkwəl 어니′이꾸을]

- disagree [dìsəgríː 디써그리′이]
- dishonor [disánər 드싸′너~]
- unable [ʌnéibl 어네′이블]
- uneasy [ʌníːzi 어니′이지]

- disadvantage [dìsədvǽntidʒ _____]
- disappear [dìsəpíər _____]
- misinterpret [mìsintə́ːrprit _____]
- misunderstand [mìsʌndərstǽnd _____]
- unaware [ʌ̀nəwέər _____]
- unexpected [ʌ̀nikspéktid _____]

> 문장에서 가려들어 보세요 (색칠된 단어)

If you disagree the proposals, why don't you throw them away?
What I'm going to do is to help the disabled.
It takes a lot of time to correct all the misinterpretation.
It's unusual that he is willing to break up with her.
Our company is unable to hire the unemployed this year.

25

경음을 사용해 억센 발음을 하세요

1 경음화 현상

한글의 경음화 현상과 유사한 음운 현상입니다. 한글의 경우에는 평음(ㄱ, ㄷ, ㅂ, ㅈ)이 시간이 지남에 따라 경음(ㄲ, ㄸ, ㅃ, ㅉ)을 통해 격음으로 변화하는 현상입니다. 효과[효꽈], 등불[등뿔], 국밥[국빱], 만둣국[만두꾹]처럼 평음이었던 단어들이 현대에 와서 경음화된 현상입니다.

한글에서는 평음이 경음화하는 현상(예: ㄱ➡ㄲ, ㄷ➡ㄸ, ㅂ➡ㅃ)이 생기지만 영어에서는 c, k, p, q, t, ch와 같은 **격음** 성질을 지닌 자음의 경우에 주위의 특정 자음 및 강세가 있는 모음 유무에 따라 **발음의 편의성**을 위해 **경음**으로 발음합니다.

1) s(x)+격음 자음(c, k, p, q, t, ch)인 경우 [스뻬], [스끄], [스뜨] 등의 경음으로 발음합니다.

큰 소리로 읽어 보세요 (빈칸 채우기)

- screen [skríːn 스끄리'인]
- speak [spíːk 스뻬'익]
- stand [stǽnd 스땐']
- excuse [ikskjúːz 익쓰뀨'우즈]
- express [iksprés 익쓰쁘레'씨]

- sky [skái 스까'이]
- square [skwéər 스꾸에'어~]
- school [skúːl 스끄울']
- expect [ikspékt 익쓰뻭'ㅌ]
- extend [iksténd 익쓰뗀]

- describe [diskráib _____]
- suspect [səspékt _____]
- establish [istǽbliʃ _____]
- skull [skʌ́l _____]
- squeak [skwíːk _____]
- scheme [skíːm _____]

- exclaim [ikskléim ____]
- exquisite [ékskwizit ____]
- expire [ikspáiər ____]
- external [ikstə́:rnl ____]

2) 단어 내에서 2개의 모음(반모음 포함) 사이에 있는 격음 c, ch, k, p, q를 포함하는 음절의 모음에 강세가 없는 경우 이들 자음에 **경음화 현상**이 발생합니다.

큰 소리로 읽어 보세요 (빈칸 채우기)

- apple [ǽpl 애′쁠]
- chicken [tʃíkən 취′끈]
- equal [í:kwəl 이′이꾸얼]
- luckily [lʌ́kili 을러′끌리]
- open [óupən 오′우쁜]
- upper [ʌ́pər 어′뻐~]
- bacon [béikən 베′이껀]
- copy [kápi ㅋ′삐]
- likely [láikli 을라′이끌리]
- miracle [mírəkl 미′러끌]
- paper [péipər 페′이뻐~]
- soccer [sákər 쌔′꺼~]

- academic [ækədémik ____]
- adequate [ǽdikwət ____]
- circular [sə́:rkjulər ____]
- opera [ápərə ____]
- manipulate [mənípjulèit ____]
- package [pǽkidʒ ____]
- separate [sépərèit ____]
- accurate [ǽkjurət ____]
- capability [kèipəbíləti ____]
- decorate [dékərèit ____]
- episode [épəsòud ____]
- monopoly [mənápəli ____]
- recommend [rèkəménd ____]
- supply [səplái ____]

문장에서 가려들어 보세요 (색칠된 단어)

My schedule is to study molecular biology for academic

career.
Let's take a cup of coffee with a seminar speaker.
Put more salt and pepper into chicken noodle for adequate taste.
10 meters multiplied by 10 meters equals 100 square meters.
Price manipulation is not likely to happen in the open market.

발음 때문에 대략난감!

후퍼? 어떤 버거인가?   필자가 미국의 버거킹에서 햄버거를 주문할 때 발생했던 일이다. 미국의 햄버거 판매점은 빅맥, 와뻐~, 웬디스버거 등등 고유한 이름의 햄버거를 판매한다. 햄버거를 거의 먹어 보지 못했던 필자가 미국의 버거킹에서 햄버거를 주문하려 했을 때 whopper라는 햄버거가 보였다. 값도 싸고 양도 많은 것 같아서 whopper를 주문하려 했으나 적당한 발음이 떠오르지 않았다. who는 누구나 아는 단어 아닌가? 자신 있게 "후퍼"라 말했으나 점원은 전혀 알아듣지 못했던 분위기이었다. 결국 손가락으로 가리켜서 whopper라는 햄버거를

구매할 수 있었다. 만일 필자가 단모음과 경음화 현상을 알았다면 자신 있게 "와뻐~"라고 주문했을 텐데….

나   Can I take a Whopper[후퍼]?
점원   What?
나   W-H-O-P-P-E-R.
점원   You mean Whopper[와'뻐~].

발음 원리

26

자음을 생략하고 발음해요

1 자음 생략

영어에서는 단어 내에 자음이 연속적으로 존재하는 경우 발음상의 어려움으로 인해 1개의 자음을 생략하여 발음하는 경향이 있습니다.

1) 단어의 **마지막 음절**에 자음이 **2개 연속**으로 나오는 경우에 하나를 생략하여 발음합니다. 한글에서 값[갑], 삶[삼], 닭[닥]과 같이 받침에 자음이 연속 2개가 존재하면 2개의 받침자음 중 하나를 선택하여 발음하듯이, 영어에서도 –gn, –ght, –mb, –bt, –st, –ld, –lt, –nd, –nt 등의 연속자음으로 끝나는 경우 2개의 자음 중 1개를 생략 또는 약하게 발음합니다.

큰 소리로 읽어 보세요 (빈칸 채우기)

- de**b**t [dét 델′]
- co**l**d [kóuld 코′울]
- la**m**b [lǽm 을램′]
- secon**d** [sékənd 쎄′껀]
- ni**gh**t [náit 나′잍]

- si**g**n [sáin 싸′인]
- be**l**t [bélt 벨′ㅌ]
- autum**n** [ɔ́ːtəm 어′어럼]
- prin**t** [prínt 프린′ㅌ]
- pas**t** [pǽst 패′스ㄸ]

- dou**b**t [dáut _____]
- mi**l**d [máild _____]
- du**m**b [dʌ́m _____]
- bli**n**d [bláind _____]
- drou**gh**t [dráut _____]

- rei**g**n [réin _____]
- consu**l**t [kənsʌ́lt _____]
- colum**n** [kάləm _____]
- abundan**t** [əbʌ́ndənt _____]
- sugges**t** [sədʒést _____]

2) 자음이 **연속적으로** 3개 있는 경우 가운데 자음은 생략합니다. 한글에서도 자음이 연속 3개(예: 값지다, 굵다, 옳다)가 있으면 가운데 자음 발음 자체가 불가능하듯이 영어에서도 유사한 현상이 있습니다.

큰 소리로 읽어 보세요 (빈칸 채우기)

- attempt [ətémpt 어템′트]
- empty [émpti 엠′티]
- extinct [ikstíŋkt 익쓰띵′트]
- function [fʌ́ŋkʃən 풩′쉬언]
- directly [diréktli 드레′끌리]

- consumption [kənsʌ́mpʃən 컨썸′쉬언]
- distinction [distíŋkʃən 디스띵′쉬언]
- junction [dʒʌ́ŋkʃən 젱′쉬언]
- correctly [kəréktli 커레′끌리]
- banks [bǽŋks 뱅′쓰]

- prompt [prámpt _____]
- exempt [igzémpt _____]
- sanction [sǽŋkʃən _____]
- exactly [igzǽktli _____]
- strictly [stríktli _____]

- assumption [əsʌ́mpʃən _____]
- contempt [kəntémpt _____]
- instinct [ínstiŋkt _____]
- perfectly [pə́ːrfiktli _____]
- thanks [θǽŋks _____]

여기서 잠깐

자음이 연속적으로 3개가 있더라도 s(x)+**자음**+**자음**의 경우에 s(x)에 **모음 [으]** 현상이 존재해서 자음이 연속되지 않게 되며, l+**자음**+**자음**의 경우에도 l이 자음 앞에 존재해서 반모음 [으]로 변합니다.

- screen [skríːn]   ▶스끄리′인
- split [splít]   ▶스쁠릳′

- **spr**ing [spríŋ] ▶스쁘리'잉
- **spr**ay [spréi] ▶스쁘레'이
- **str**ange [stréindʒ] ▶스쯔레'인쥐
- **expl**ain [ikspléin] ▶익쓰쁠레'인
- **sculpt**ure [skʌ́lptʃər] ▶스꺼'읗춰~

문장에서 가려들어 보세요 (색칠된 단어)

That's exactly the mountain we want to climb.

The household debt is directly related with loans from banks.

Our backyard is abundant with autumn leaves.

You have to perfectly understand the function of this machine.

To verify his assumption, they suggest a blind test.

27

반모음 r의 위치가 바뀌어 발음돼요

1 역위

영어 발음에만 존재하는 독특한 발음 현상입니다. 단어 내의 **-자음+r+모음**이 단어 내에서 강세가 있는 음절의 **전후에 존재**하면 쉬와 현상의 영향을 받아 반모음 r과 모음의 위치가 역으로 바뀌어 발음됩니다.

큰 소리로 읽어 보세요 (빈칸 채우기)

- **a**pri**c**ot [ǽprəkàt 애'뻐~컬`]
- bio**gra**phy [baiágrəfi 바이ㅇ'거~프히]
- demo**cra**cy [dimákrəsi 드므'꺼~씨]
- intro**d**uce [intrədjúːs 인`터~듀'우씨]
- **tra**dition [trədíʃən 터~디'션]
- pro**p**ose [prəpóuz 퍼~포'우즈]
- fi**bre** [fáibər 프하'이버~]
- pro**d**uce [prədjúːs 퍼~듀'우씨]
- **dra**matic [drəmǽtik 더~매'릭]
- thea**tre** [θíːətər 쓰이'어러~]

- **a**bro**g**ate [ǽbrəgèit _____]
- mi**gra**tory [máigrətɔ̀ːri _____]
- **pre**pare [pripɛ́ər _____]
- reci**pro**cal [risíprəkəl _____]
- fra**g**ility [frədʒíləti _____]
- pho**to**gra**phy** [fətágrəfi _____]
- pro**m**iscuous [prəmískjuəs _____]
- **tre**mendous [triméndəs _____]

문장에서 가려들어 보세요 (색칠된 단어)

He is the most famous producer in Brazil.
She is a well prepared writer for your biography.
This is the representative play in this theatre.
Which do you prefer, democracy or autocracy?

They propose a reciprocal action for peace agreement.

발음 때문에 대략난감!

오! 버~질'　　미국 스탠퍼드 대학에서 박사 후 연구원으로 근무할 때였다. 어쩌다 보니 같이 연구하던 영국인 친구와 축구에 대해 열띤 토론을 하게 되었다. 영국은 축구의 종주국으로서 축구에 대한 자부심이 강한 나라이다. 반면 그때가 2002년 한일 월드컵을 치르기 이전이었으므로 한국 축구는 영국이나 미국에 별로 알려져 있지 않았다.

영국인 친구와 한창 이야기를 나누던 중 나는 그가 한국 축구를 너무 무시한

다는 생각이 들어서 한국 축구대표팀이 Brazil 축구대표팀을 맞아 승리한 적이 있다고 말하였다. 그런데 어찌된 일인지, 이 친구는 월드컵에서 수없이 우승한 세계 최고의 축구팀 브라질을 모르는 것이 아닌가? 수차례 설명했지만 도통 못 알아듣기에 어쩔 수 없이 알파벳을 말해 주었다. 그러자 그가 말하기를, "Oh! Brazil[오! 버~질′]."

내가 그때 역위만 알았다면, 그 영국인 친구에게 한국 축구의 위상을 좀 더 쉽게 설명했을 텐데 말이다.

나	Korean National Soccer Team has beaten Brazil[브라질] National Soccer Team.
친구	Which team?
나	B-R-A-Z-I-L.
친구	Oh! Brazil[버~질′].

발음 원리27 반모음 r의 위치가 바뀌어 발음돼요

귀에 쏙쏙 들리는
잉글리쉬 문장 읽기

내가 말하면 아무도 못 알아듣는 영어는 이제 그만~. 강세, 발음 현상 등 지금까지 배운 발음 규칙을 제대로 복습하며 큰 소리로 읽어 봅시다. 한 번, 두 번, 세 번… 낭독하다 보면 머릿속에 저절로 영어를 어떻게 발음해야 하는지 그림이 그려질 겁니다. 그리고 또 한 번, 두 번, 세 번… 체크를 해 가며 다시 한 번 낭독하다 보면 네이티브의 말을 알아듣는 것은 물론 네이티브처럼 말할 수 있게 됩니다. 특히 주요 발음 현상에 따른 소리의 변화를 유심히 듣고 익혀 보세요.

1 If you don't read them anymore, why don't you throw them away?
이프휴 도운 리́ㄷ음 애́ㄴ모어~ 와이 도́운츄 쓰으́로우드으머웨이?

If you	read them	don't you	them away
연음법칙	자음동화	구개음화	연음법칙

Listen carefully ☐ 1st trial ☐ 2nd trial ☐ 3rd trial

2 I really need to take exercise this year.
아이리́얼리 니́러테일 엑́써~싸이즈 디씨́어~.

need to	this year
자음동화	연음법칙

Listen carefully ☐ 1st trial ☐ 2nd trial ☐ 3rd trial

3 Are you still planning on going abroad for systemic education?
어~유스띠́을 플래́닝 온고이너브로́운 포호어~씨스떼́믹 에쥬케́이션?

s_til	pla_nn_ing	goin_g_ a_broad	sys_t_emic	e_du_cation
경음화	자음동화	묶음, 연음법칙	경음화	구개음화

Listen carefully ☐ 1st trial ☐ 2nd trial ☐ 3rd trial

---

4   I thin_k I_ shouldn'_t h_ave bought thi_s c_ellphone.
아이씬인'카이 슈르냅ㅇ 받' 디쎄'을프호운.

thin_k I_	shouldn'_t h_ave	thi_s c_ellphone
연음법칙	묶음, 연음법칙	자음동화

Listen carefully ☐ 1st trial ☐ 2nd trial ☐ 3rd trial

---

5   Wha_t a_re you talkin_g a_bout?
워러~유 토'으키너밭?

Wha_t a_re	talkin_g a_bout
연음법칙	묶음, 연음법칙

Listen carefully ☐ 1st trial ☐ 2nd trial ☐ 3rd trial

---

6   Coul_d y_ou give me a ride to the bu_s st_ation o_n y_our way home?
쿠쥬 깁'ㅇ미어 라'일 터드어 버스떼'이션 ㅇ뉴어~웨'이 호'움?

Coul_d y_ou	bu_s st_ation	o_n y_our
구개음화	자음동화, 경음화	연음법칙

Listen carefully ☐ 1st trial ☐ 2nd trial ☐ 3rd trial

---

7   Wha_t I_'m goin_g t_o do is to s_tudy mole_c_ular biology.
워라임고너두' 이즈 트스떠'리 멀레'큘러~ 바이올'러쥐.

What I'm	going to	study	molecular
연음법칙	자음생략, 묵음, 연음법칙	경음화	경음화

Listen carefully ☐ 1st trial ☐ 2nd trial ☐ 3rd trial

---

8 What do you mean having no reliable friend?
워루유미'인 해'ㅂ잉 노'우 를라'이어블 ㅍ호렌'?

What do	friend
자음동화	묵음

Listen carefully ☐ 1st trial ☐ 2nd trial ☐ 3rd trial

---

9 I've been waiting for half an hour.
아이빈 웨'이링ㅍ호~ 해'으ㅍ허나'워

I've been	half an hour
자음동화	연음법칙, 묵음

Listen carefully ☐ 1st trial ☐ 2nd trial ☐ 3rd trial

---

10 What did Tom give you for commemorable wedding proposal?
워릳톰' 기'ㅂ유 ㅍ호~커메'머~어블 웨'링 퍼~ㅍ오'우절?

What did	give you	commemorable	wedding	proposal
자음동화	연음법칙	자음동화	자음동화	역위

Listen carefully ☐ 1st trial ☐ 2nd trial ☐ 3rd trial

---

11 She always seems so well prepared.
쉬이 오'을워씨'임쏘우 웨'을 퍼~페'어~ㄷ.

Exercise 귀에 쏙쏙 들리는 잉글리쉬 문장 읽기

always seems so	prepared
자음동화	역위

Listen carefully　☐ 1st trial　☐ 2nd trial　☐ 3rd trial

---

12 He must have lost a lot of money.
히이머스땝ㅇ 로'우스떨 ㄹ'러 머'니.

must have	lost a lot of
경음화, 연음법칙, 묵음	경음화, 연음법칙

Listen carefully　☐ 1st trial　☐ 2nd trial　☐ 3rd trial

---

13 When did you start your statistical analysis?
웨니쥬 스따'어~츄어 스떠티'스띠끌 어낼'르씨쓰?

When did you	start your	statistical
연음법칙, 묵음, 구개음화	경음화, 구개음화	경음화

Listen carefully　☐ 1st trial　☐ 2nd trial　☐ 3rd trial

---

14 We're going to start your commercial film.
워~고너 스따'어~츄어 커머'~쉬얼 포히'음.

going to	start your	commercial
자음 생략, 묵음, 연음법칙	경음화, 구개음화	자음동화

Listen carefully　☐ 1st trial　☐ 2nd trial　☐ 3rd trial

---

15 Why don't you take a sedentary break for drinking coffee?
와이 돈'츄 테이꺼 쎄'른테리 브레'일 포호어~즈링'킹 커'ㅍ히?

don't you	take a	drinking	coffee
구개음화	경음화, 연음법칙	구개음화	자음동화

Listen carefully　□ 1st trial　□ 2nd trial　□ 3rd trial

---

16 Does she accurately understand his suggestions?
더쉬이 애'뀨릴리 언더~스땐' 이써'줴'스취언쓰?

Does she	accurately	understand	his suggestions
자음동화	자음동화, 경음화	경음화, 묵음	묵음, 자음동화

Listen carefully　□ 1st trial　□ 2nd trial　□ 3rd trial

---

17 It's time to sit down and have a serious talk with her.
잍쓰타'임 트씨'라운 앤 해'ㅂ어 씨'어~이어쓰 토'윽 위더어~.

sit down	have a	with her
자음동화	연음법칙	연음법칙, 묵음

Listen carefully　□ 1st trial　□ 2nd trial　□ 3rd trial

---

18 Why does she want to love a person like him?
와이 더쉬이 워'널러'ㅂ어 퍼'~쓴 라이낌?

does she	want to	love a	like him
자음동화	자음동화, 묵음, 연음법칙	연음법칙	경음화, 연음법칙, 묵음

Listen carefully　□ 1st trial　□ 2nd trial　□ 3rd trial

---

19 They're talking about having a fantastic holiday.
드에이어 토'으키너밭 해비이너 ㅍ핸태'스띡 홀'르데이.

talking about	having a	fantastic
묵음, 연음법칙	묵음, 연음법칙	경음화

Listen carefully ☐ 1st trial ☐ 2nd trial ☐ 3rd trial

---

20 That's exactly what I want to do.
ㄷ앹ㅆ 익잭'끌리 워라이워'너두'.

exactly	what I	want to
자음생략	연음법칙	자음동화, 묵음, 연음법칙

Listen carefully ☐ 1st trial ☐ 2nd trial ☐ 3rd trial

---

21 I'm absolutely sure it's time to take action.
아임 앱'썰룰리 슈'어~ 잍ㅆ 타임 트테'이깩'쉬언.

take action
경음화, 연음법칙

Listen carefully ☐ 1st trial ☐ 2nd trial ☐ 3rd trial

---

22 Give him numerous options to get over the internal enemies.
기'ㅂ임 뉴'머~어ㅆ 옾쉬언즈 트게로'우버~ ㄷ이 인터'늘 에'느미ㅆ.

Give him	get over
연음법칙, 묵음	연음법칙

Listen carefully ☐ 1st trial ☐ 2nd trial ☐ 3rd trial

---

23 Does he break up with his popular girlfriend?
더지이 브레'이껖 위ㄷ이ㅆ 프'뺠러~ 거'어~으프흐렌'?

Does he	break up	with his popular
연음법칙, 묵음	연음법칙, 경음화	연음법칙, 묵음, 경음화

Listen carefully ☐ 1st trial ☐ 2nd trial ☐ 3rd trial

---

24 We're not going to get married soon.
워~ 놑고너 겥 매′리 쓰운′.

going to	married
자음생략, 묵음, 연음법칙	자음동화

Listen carefully ☐ 1st trial ☐ 2nd trial ☐ 3rd trial

---

25 I can't decide where to sit for watching the funniest show.
아이 캔′ 드싸′일 웨어르씥′ 포어~워′췽 더 퍼′니에쉬오′우.

funniest show

자음생략, 자음동화

Listen carefully ☐ 1st trial ☐ 2nd trial ☐ 3rd trial

---

26 What do you have in your mind for delicious dinner?
워루유햅′ㅇ 이뉴어마′인 포어~들리′쉬어쓰 디′너?

What do	in your	mind	dinner
자음동화	연음법칙	묵음	자음동화

Listen carefully ☐ 1st trial ☐ 2nd trial ☐ 3rd trial

---

27 Good to hear that our trial was successful.
그′러 히′어드앹 아워~츠라′이얼 워썹쎄′스포흘.

Good to	was successful		
자음동화, 연음법칙	자음동화		
Listen carefully	☐ 1st trial	☐ 2nd trial	☐ 3rd trial

28 Is there anything I can help you with?
이드에어~ 애'느쓰잉 아이캐앤 헤'으퓨우 윋o?

Is there	help you		
자음동화	연음법칙		
Listen carefully	☐ 1st trial	☐ 2nd trial	☐ 3rd trial

29 Isn't he a little bit weak to lift that circular rock?
이'즈니 어리'를빝 위'의 틀맆'ㅎㄷ앹써'~꿀러~ 륵'?

Isn't he	lift that	circular	
자음생략, 묵음, 연음법칙	자음생략	경음화	
Listen carefully	☐ 1st trial	☐ 2nd trial	☐ 3rd trial

30 When do you think the new vascular drug will be a blockbuster?
웨누유쓰잉' 더어 뉴 ㅂ애'스꿀러~ 즈럭' 위을비어 블록'버스떠~?

When do	vascular	drug	blockbuster
묵음, 연음법칙	경음화	구개음화	자음동화, 경음화
Listen carefully	☐ 1st trial	☐ 2nd trial	☐ 3rd trial

31 Would you mind if I cancel the successive meeting?
우쥬마'인 이ㅍ하이캔'쓸 더어썩쎄'씹o 미'링?

184

Would you	mind	if I	successive
구개음화	묵음	연음법칙	자음동화

Listen carefully ☐ 1st trial ☐ 2nd trial ☐ 3rd trial

---

32 It's so pity to hear that you failed the general exam.
잍쏘우피'리 트히'어뎉 유 쩨헤'이얼더 쉐'느를 익잼'.

It's so	failed the
자음동화	자음동화

Listen carefully ☐ 1st trial ☐ 2nd trial ☐ 3rd trial

---

33 Would you like to drink a cup of coffee?
우쥴라'잌 트즈'링 어커'뻐커'프히?

Would you	drink	cup of	coffee
구개음화	구개음화	경음화, 연음법칙	자음동화

Listen carefully ☐ 1st trial ☐ 2nd trial ☐ 3rd trial

---

34 Is this the original article we were looking for?
이ㄷ이스 ㄷ이 어리'쥐늘 아'어~르껄 워~르'낑프호어~?

Is this	article	we were	looking
자음동화	경음화	자음동화	경음화

Listen carefully ☐ 1st trial ☐ 2nd trial ☐ 3rd trial

---

35 It takes a lot of time to solve that difficult question.
잍테'잌썰맅'러 타'임 트씃'읍ㅇ ㄷ앨디'프흐껄 쿠에스취언.

takes a	lot of	difficult
연음법칙	연음법칙	경음화

Listen carefully ☐ 1st trial ☐ 2nd trial ☐ 3rd trial

---

36 What do you want to drink, wine or beer?
워루유워너즈륑' 와'이너비'어~?

What do	want to	drink	wine or
자음동화	자음동화, 묵음	구개음화	연음법칙

Listen carefully ☐ 1st trial ☐ 2nd trial ☐ 3rd trial

---

37 Tell him his ridiculous attitude might not be excusable.
테'을림 이스르디'큘러쓰 애'르튤 마잍 낱 비이 익쓰뀨'저블.

Tell him	ridiculous	attitude	excusable
묵음, 연음법칙	경음화	자음동화	경음화

Listen carefully ☐ 1st trial ☐ 2nd trial ☐ 3rd trial

---

38 This sounds really equivocal.
디싸'운즈 리'얼리 으쿠이'ㅂ어끌.

This sounds	equivocal
자음동화, 자음생략	경음화

Listen carefully ☐ 1st trial ☐ 2nd trial ☐ 3rd trial

---

39 What if we cancel the controversial proposal?
워리프휘캔'쓸 드어 컨터~ㅂ어'쉬얼 퍼~포'우절?

What if	controversial	proposal
연음법칙	역위	역위

Listen carefully   ☐ 1st trial   ☐ 2nd trial   ☐ 3rd trial

---

40 We're sorry for being indifferent to your opinion.
워~쏘어~리 포호어~비잉 인디'프허~은 투유어~피'니언.

indifferent	your opinion
자음동화	연음법칙

Listen carefully   ☐ 1st trial   ☐ 2nd trial   ☐ 3rd trial

---

41 It'll take about three months to finish that preliminary test.
이를테'이꺼밭 쓰으리'이 믄'쓰 트프히'느쉬 댙펄~리'브네리 테'스뜨.

It'll	take about	months	preliminary
연음법칙	경음화, 연음법칙	자음동화	역위

Listen carefully   ☐ 1st trial   ☐ 2nd trial   ☐ 3rd trial

---

42 The contract shall be expired by agreement between both sides.
ㄷ어컨'츠랙 쉐을빅스빠'이얼 바이어그리'이믄 비트윈보'우싸'이즈.

The contract	be expired	agreement	both sides
구개음화	연음법칙, 경음화	묵음	자음동화

Listen carefully   ☐ 1st trial   ☐ 2nd trial   ☐ 3rd trial

---

43 How would you like to have Irish flavored coffee with me?
하우쥴라잌 트햅'ㅇ 아'이리쉬 프흘레'이브언 커'프히 윋ㅇ미?

How would you	coffee			
자음동화, 구개음화	자음동화			
Listen carefully	☐ 1st trial	☐ 2nd trial	☐ 3rd trial	

44 Which does Jane prefer meat or seafood?
위취 더줴인 퍼~프허′~ 미′러~ 씨′프호운?

does Jane	prefer	meat or		
자음동화	역위	연음법칙		
Listen carefully	☐ 1st trial	☐ 2nd trial	☐ 3rd trial	

45 I'm afraid I've got to leave now.
아이머프흐레′읻 아이ㄱ러 리′입ㅇ 나우.

I'm afraid	I've	got to		
연음법칙	묵음	자음동화		
Listen carefully	☐ 1st trial	☐ 2nd trial	☐ 3rd trial	

46 Mind if I talk about your autobiography?
마′이니프하이 토′ㅇ꺼바츄어~ 어`러바이ㅇ′거~프히?

Mind if I	talk about your	autobiography		
묵음, 연음법칙	경음화, 연음법칙, 구개음화	역위		
Listen carefully	☐ 1st trial	☐ 2nd trial	☐ 3rd trial	

47 How would you like watching impressive Korean films?
하우쥴라′익 워′췽 임프레′씹ㅇ 커리′언 프히′음즈?

188

How would you	impressive
자음동화, 구개음화	자음동화

Listen carefully ☐ 1st trial ☐ 2nd trial ☐ 3rd trial

---

48 Could you tell me how to get to Kangnam Terminal?
쿠쥬테′을미 하우러게′러 강남 터′~므늘?

Could you	get to
구개음화	자음동화

Listen carefully ☐ 1st trial ☐ 2nd trial ☐ 3rd trial

---

49 What do you think about going out for wonderful picnic?
워루유쓰인′커밭 고′이나울 포어~원′더~포홀 피′크닉?

What do	think about	going out
자음동화	연음법칙	묵음, 연음법칙

Listen carefully ☐ 1st trial ☐ 2nd trial ☐ 3rd trial

---

50 Is this what you are continually looking for?
이드이스 워츄어~ 컨티′뉴어올리 르′낑포호어~?

Is this	what you	looking
자음동화	구개음화	경음화

Listen carefully ☐ 1st trial ☐ 2nd trial ☐ 3rd trial

---

51 You should have given him a reminiscent present.
유슈랩′이기′브으님 어 레므니′쓴 프레′즌.

Exercise 귀에 쏙쏙 들리는 잉글리쉬 문장 읽기

should have	given him		
묵음, 연음법칙	연음법칙, 묵음		
Listen carefully	☐ 1st trial	☐ 2nd trial	☐ 3rd trial

52 What's his representative phone number?
웟지쓰 레퍼~제'너립ㅇ 포호'운 넘'버?

What's his	representative		
연음법칙, 묵음	역위		
Listen carefully	☐ 1st trial	☐ 2nd trial	☐ 3rd trial

53 Is she the most successful person in this school?
이쉬이 ㄷ어모'우썩쎄'스프을 퍼'어~쓴 인ㄷ이스ㄲ울'?

Is she	most successful	this school	
자음동화	자음생략, 자음동화	자음동화, 경음화	
Listen carefully	☐ 1st trial	☐ 2nd trial	☐ 3rd trial

54 The best thing you've got to do is being positive.
더베'쓰잉' 유ㄱ러두' 이ㅈ 비잉 프'즈립ㅇ.

best thing	you've	got to	
자음생략, 자음동화	묵음	자음동화	
Listen carefully	☐ 1st trial	☐ 2nd trial	☐ 3rd trial

55 I asked him how to handle this situation.
아이애'스딤 하우러핸'들 ㄷ이씨츄에'이션.

as<u>k</u>ed <u>h</u>im	thi<u>s s</u>ituation			
묵음, 연음법칙	자음동화			
Listen carefully	☐ 1st trial	☐ 2nd trial	☐ 3rd trial	

56 <u>What am I going to do with all these delinquent students?</u>
워래마이고너두' 위도오'을 드이즈 들링'쿠은 스뜌'른쓰?

Wha<u>t am I</u>	goin<u>g to</u>	wi<u>th all</u>	delinquen<u>t</u>	<u>s</u>tude<u>nts</u>
연음법칙	자음생략, 묵음, 연음법칙	연음법칙	묵음	경음화, 자음생략
Listen carefully	☐ 1st trial	☐ 2nd trial	☐ 3rd trial	

57 Why don'<u>t y</u>ou ha<u>ve f</u>un wi<u>th th</u>em?
와이돈'츄 해프허'언 위드음?

don'<u>t y</u>ou	ha<u>ve f</u>un	wi<u>th th</u>em
구개음화	자음동화	자음동화
Listen carefully	☐ 1st trial	☐ 2nd trial	☐ 3rd trial

58 Listen <u>t</u>o me, we've foun<u>d a</u> cir<u>c</u>ulatory <u>d</u>rug by serendi<u>p</u>ity.
리'스너미 위프하'운더 써'~큘러토'리 즈럭' 바이 쎄'른디'쁘리.

Liste<u>n t</u>o	we've foun<u>d a</u>	cir<u>c</u>ulatory	<u>d</u>rug	serendi<u>p</u>ity
연음법칙, 묵음	자음동화, 연음법칙	경음화	구개음화	경음화
Listen carefully	☐ 1st trial	☐ 2nd trial	☐ 3rd trial	

영어 단어
단어 외우고! 발음 익히고!

'부록・영어 단어' 편은 이 책에 나온 주요 영어 단어들을 정리한 것입니다.

A

abandon [əbǽndən 어밴'던] 버리다, 그만두다

abbreviate [əbríːvièit 어브리'이비에`일] 생략하다, 줄이다

able [éibl 에'이블] 할 수 있는, 능력이 있는

abrogate [ǽbrəgèit 애'버~게일] 폐지하다, 끝내다

abrupt [əbrʌ́pt 어브럽'트] 갑작스러운, 퉁명스러운

absolute [ǽbsəlùːt 앱'썰루울] 절대적인, 완전한

abundant [əbʌ́ndənt 어번'던트] 풍부한, 부유한

abysmal [əbízməl 어비'스믈] 심연의, 깊은

academic [ækədémik 애`꺼데'믹] 학구적인, 대학의

academy [əkǽdəmi 어캐'르미] 전문 학원, 학회

accelerate [æksélərèit 액쎌'르레`일] 가속하다, 추진하다

accentual [æksént∫uəl 액쎈'츄얼] 강세의, 율동적인

accept [æksépt 액쎕'] 받아들이다, 인정하다

acceptable [ækséptəbl 액쎕'터블] 받아들일 만한, 허용 가능한

accident [ǽksədənt 액'씨른트] 사고, 우연

accidental [æksədéntl 액쓰데'늘] 우발적인, 우연의

accommodate [əkɑ́mədèit 어크'머데`일] 수용하다, 숙박시키다, 순응하다

accredit [əkrédit 어크레'릳] 믿다, 신용하다, 인정하다

accumulate [əkjúːmjulèit 어큐'우뮬레`일] 모으다, 축적하다, 쌓다

accumulative [əkjúːmjulèitiv 어큐'뮬 레`이립이] 누적의, 축적된

accurate [ǽkjurət 애'뀨맅] 정확한, 엄밀한

accuse [əkjúːz 어큐우'즈] 고소하다, 비난하다

ace [éis 에'이씨] 일인자, 1번, 고수

ache [éik 에'읰] 아픔, 통증

acquire [əkwáiər 어쿠아'이어~] 획득하다, 얻다

across [əkrɑ́s 어크뤄'씨] ~를 건너서, ~맞은편에

activity [æktívəti 액티'브으리] 활동, 기능, 활기

adaptation [ædəptéi∫ən 애`렆테'이쉬언] 적응, 적용, 각색

addition [ədí∫ən 어디'쉬언] 추가, 덧셈

address [ǽdres 애'즈레씨] (명)주소
[ədrés 어즈레'씨] (동)연설하다

adequate [ǽdikwət 애'르꾸읻] 충분한, 알맞은, 적당한

adjust [ədʒʌ́st 어줘'스뜨] 조절하다, 맞추다, 조정하다

admire [ədmáiər 얻마´이어~] 감탄하다, 칭찬하다
admission [ədmíʃən 얻미´쉬언] 가입, 입장, 입학
admit [ədmít 얻밑´] 들이다, 수용하다, 인정하다
adopt [ədápt 어돞´] 채택하다, 입양하다
adore [ədɔ́:r 어도´어~] 숭배하다, 흠모하다
advantage [ədvǽntidʒ 얻배애´니쥐] 유리, 우월
advertise [ǽdvərtàiz 애´드브어~타´이즈] 광고하다, 선전하다
agenda [ədʒéndə 어줸´더] 계획, 안건
aggressive [əgrésiv 어그레´씹이] 침략적인, 적극적인
agree [əgrí: 어그리´이] 동의하다, ~을 승인하다
alien [éiljən 에´일리언] 외국의, 외계의, 낯선
align [əláin 얼라´인] 나란히 하다, 정렬하다
alike [əláik 얼라´익] 마찬가지로, 서로, 같은, 동등하게
almond [á:mənd 아´으먼] 아몬드
already [ɔ:lrédi 오으레´리] 이미, 벌써
alternate [ɔ́ltərnèit 오´으터~네´잍] 교체하다, 엇갈리다
ambiguous [æmbígjuəs 앰비´규어씨] 애매한, 모호한
ambition [æmbíʃən 앰비´쉬언] 야망, 포부, 야심
analysis [ənǽləsis 어낼´르씨씨] 분석, 해석, 분해
analytic [ænəlítik 애´널리´맄] 분석의, 분해의

anger [ǽŋgər 앵´거~] 노여움, 분노
angry [ǽŋgri 앵´그리] 성난, 화난
animal [ǽnəməl 애´느믈] 짐승, 동물
annex [ənéks 어넼´씨] 부가하다, 첨부하다
anniversary [ænəvə́:rsəri 애`느버어´~써리] 기념일, 기념일의
anomalous [ənámələs 어느´멀러씨] 변칙의, 이례적인
anonymous [ənánəməs 어느´느머씨] 익명의, 작자 불명의
antique [æntí:k 앤티´잌] 골동품, 골동품의
apologize [əpálədʒàiz 어폴´러좌´이지] 사과하다, 변명하다
apparent [əpǽrənt 어패´른트] 또렷이 보이는, 명백한
appetite [ǽpətàit 애´쁘타´잍] 식욕, 욕망
apple [ǽpl 애´쁠] 사과
apply [əplái 어쁠라´이] 적용하다, 신청하다
appreciate [əprí:ʃièit 어프리´이쉬에´잍] 인정하다, 인식하다, 감사해하다
appropriate [əpróuprièit 어프로´우프리에´잍] (동)개인적으로 사용하다, 충당하다
_____ [əpróupriət 어프로´우프리얼] (형)적당한, 알맞은
approve [əprú:v 어프루´웁이] 찬성하다, 승인하다
apricot [ǽprəkàt 애´쁘~캍´] 살구, 살구색
arbitrary [á:rbətrèri 아´어~비츠레´리] 임의의, 전제적인
architect [á:rkətèkt 아´어~끄텤´트] 건축가, 설계자
arena [ərí:nə 어리´이너] 경기장, 무대
argue [á:rgju: 아´어~규우] 언쟁하다, 주장

194

하다

arithmetic [ərίθmətik 어리'쓰으므릭] 산수, 산수의

army [ɑ́:rmi 아어~미] 육군, 군대

arrival [əráivəl 어라'이브얼] 도착, 도달

arrogant [ǽrəgənt 애'러건트] 거만한, 오만한

article [ɑ́:rtikl 아어~르끝] 기사, 물품, 관사, 조항

ascend [əsénd 어쎈'] 오르다, 올라가다

ash [ǽʃ 애'쉬] 재, 잿더미로 만들다

associate [əsóuʃièit 어쏘'우쉬에'잍] 상기시키다, 협동하다

assume [əsú:m 어쑤'움] 책임지다, 가정하다

assumption [əsʌ́mpʃən 어썸'쉬언] 가정, 전제

assure [əʃúər 어슈'어~] 보증하다, 납득시키다

Athena [əθí:nə 어쓰이'너] 아테나, 지혜, 전술의 여신

atom [ǽtəm 애'럼] 원자, 소량, 원자력

atomic [ətámik 어트'믹] 원자의, 원자력의

attack [ətǽk 어택'] 습격하다, 공격

attempt [ətémpt 어템'트] 시도, 시도하다, 노리다

attendant [əténdənt 어텐'던트] 안내원, 수행원, 출석해 있는

attract [ətrǽkt 어츠랙'트] 끌어당기다, 유인하다

attractive [ətrǽktiv 어츠랙'팁이] 매력 있는, 흥미 있는

attribute [ǽtrəbjù:t 애'츠러뷰`욷] (명)속성
[ətríbju:t 어츠리'뷰욷] (동)~탓으로 하다

autumn [ɔ́:təm 어'어럼] 가을, 가을의, 초로기

axe [ǽks 액'씨] 도끼, 폐쇄

B

backbone [bǽkbòun 백'보'운] 등뼈, 척추, 산맥, 분수령

bacon [béikən 베'이껀] 베이컨

bad [bǽd 배'앧] 나쁜, 불량한, 좋지 않은

bag [bǽg 배'액] 자루, 봉지, 가방, 핸드백

baggage [bǽgidʒ 배'기쥐] 여행용 수화물, 짐

bake [béik 베'잌] 굽다, 구워지다

bakery [béikəri 베'이끄리] 제과점, 빵·과자류

balance [bǽləns 밸'런씨] 균형, 저울 천칭

bald [bɔ́:ld 보'올] 대머리의, 노골적인

bamboo [bæmbú: 뱀브'우] 대나무, 죽재

bankrupt [bǽŋkrʌpt 뱅'크럾] 파산한, 파산시키다

banks [bǽŋks 뱅'씨] 은행, 제방

bar [bɑ́:r 바'어~] 막대기, 빗장, 방해하다

bare [béər 베'어~] 벌거벗은, 노출된

basket [bǽskit 배'스킽] 바구니, 광주리

bat [bǽt 뱉'] 박쥐, 치다

bath [bǽθ 뱄어'] 목욕, 욕조

bathe [béið 베'잀으] 목욕시키다, 적시다

battle [bǽtl 배'를] 싸움, 전투, 교전

be [bí: 비'이] ~이다, 있다, 존재하다

bearable [béərəbl 베'어~블] 견딜 수 있는, 견딜 만한

bed [béd 베'엗] 침대, 취침 시간

bedroom [bédrù:m 베'즈르'움] 침실, 정사의

bedtime [bédtàim 베'타`임] 취침 시간, 자

기 전의

beg [bég 베엑] 부탁하다, 구걸하다, 간청하다

begging [bégiŋ 베'깅] 걸인의, 구걸

behave [bihéiv 브헤'입이] 행동하다, 처신하다

behind [biháind 바하'인] ~의 뒤에, 늦어, 늦어서

behold [bihóuld 브호'울드] 보다, 바라보다, 주시하다

belt [bélt 벨'트] 벨트, 띠, 혁대

bet [bét 벹'] 내기, 내기를 하다, 걸다

betray [bitréi 비츠레'이] 배반하다, 등지다, 누설하다, 밀고하다

bid [bíd 비'인] 입찰하다, 명령하다

bigger [bígər 비'거~] 더 큰, 더 훌륭한

biography [baiágrəfi 바이아'거~프히] 전기, 일대기, 전기 문학

bit [bít 빝'] 조금, 작은 조각, 소량

bitter [bítər 비'러~] 쓴, 쓰라린, 지독한

black [blǽk 블랙'] 검은, 검정, 흑인

blade [bléid 블레'인] 칼날, 잎사귀

blamable [bléiməbl 블레'이머블] 비난받을 만한, 흠 잡힐 만한

blind [bláind 블라'인] 눈먼, 눈멀게 하다, 블라인드

boat [bóut 보'욷] 배, 보트, 배로 가다

bold [bóuld 보'울] 용감한, 대담한

bone [bóun 보'운] 뼈, 골격

book [búk 븍'] 책, 예약하다, 도서

boom [búːm 브'움] 벼락 경기, 급속히 발전하다

bore [bɔ́ːr 보'어~] 지루하게 만들다, 구멍을 뚫다

boss [bɑ́s 브'씨] 우두머리, 장, 거물

botanical [bətǽnikəl 버태'느끌] 식물의, 식물성의

bottle [bátl 브'를] 병, 한 병의 분량, 병에 담다

bottom [bátəm 브'럼] 바닥, 밑, 기초

boy [bɔ́i 보'이] 소년, 사내아이, 아들

breadth [brédθ 브레'쓰으] 폭, 너비

breath [bréθ 브렜'이] 숨, 호흡

breathe [bríːð 브리'이드이] 호흡하다, 숨을 쉬다, 숨을 조절하다

bribe [bráib 브라'입] 뇌물을 주다, 매수하다

bright [bráit 브라'읻] 밝은, 빛나는, 선명한

brilliant [bríljənt 브리'을리언트] 빛나는, 훌륭한

bronze [bránz 브른'즈] 청동, 청동제의

brush [brʌ́ʃ 브러'쉬] 솔, 화필, 이를 닦다

bubble [bʌ́bl 버'블] 거품, 거품 일게 하다

bud [bʌ́d 버'얻] 싹, 눈, 싹트다

bugle [bjúːgl 뷰'우글] 나팔, 나팔을 불다

build [bíld 빌'] 짓다, 세우다, 건축하다

buoy [bɔ́i 보'이] 부표, 띄우다

burger [bə́ːrgər 버~'거~] 햄버거식 빵

burial [bériəl 베'리얼] 매장, 장례, 매장지

bury [béri 베'리] 묻다, 매장하다

business [bíznis 비'즈니씨] 장사, 업무, 상업

busy [bízi 비'지] 바쁜, 분주한

but [bʌ́t 벝'] 하지만, 그러나, ~이외에

butter [bʌ́tər 버'러~] 버터, 아첨하다

buy [bái 바'이] 사다, 구입하다

C

cabbage [kǽbidʒ 캐′비쥐] 양배추, 슬쩍 훔친 것
cable [kéibl 케′이블] 굵은 밧줄, 케이블
call [kɔ́:l 코′을] 부르다, 전화하다
calm [ká:m 카′음] 평온한, 고요한, 침착한
camel [kǽməl 캐′믈] 낙타, 담황갈색
campaign [kæmpéin 캠페′인] 선거 운동, 캠페인, 군사 행동
can [kǽn 캐앤] ~할 수 있다, ~할 줄 알다
can't [kǽnt 캔′트] ~할 수 없다, ~할 줄 모르다
cancel [kǽnsəl 캔′쓸] 취소하다, 중지하다
cancer [kǽnsər 캔′써~] 암, 게자리, 악성 종양
candle [kǽndl 캔′들] 양초, 불빛에 비추다
cane [kéin 케′인] 지팡이, 회초리로 때리다
cannon [kǽnən 캐′넌] 대포, 포격하다
cap [kǽp 캪′] 모자, ~를 덮다
capability [kèipəbíləti 케′이뻐빌′르리] 능력, 가능성, 재능
capacity [kəpǽsəti 커패′쓰리] 수용력, 용적, 재능, 자격
capitalize [kǽpətəlàiz 캐′쁘럴라′이즈] 대문자로 쓰다, 투자하다
capture [kǽptʃər 캪′춰~] 사로잡다, 포획하다
care [kéər 케′어~] 걱정, 돌봄, 주의하다
career [kəríər 커리′어~] 직업, 경력
careful [kéərfəl 케′어~프흘] 조심성 있는, 꼼꼼한
cart [ká:rt 카′어~트] 손수레, 이륜 짐차
category [kǽtəgɔ́:ri 캐′르고′어~리] 범주, 부문
cattle [kǽtl 캐′틀] 소, 가축
celebrate [séləbrèit 쎌′르브레′일] 축하하다, 찬양하다
celebrity [səlébrəti 쓸레′버~리] 명사, 유명인, 연예인, 유명한
celestial [səléstʃəl 쓸레′스쮜얼] 하늘의, 천상의
cellular [séljulər 쎄′을룰러~] 셀 방식의, 세포의
censor [sénsər 쎈′써~] 검열관, 검열하다
certificate [sərtífikət 써~티′프흐낕] 증명서, 증서, 면허장
changeable [tʃéindʒəbl 췌′인쥐어블] 변하기 쉬운, 변경할 수 있는
chaos [kéias 케′이어씨] 무질서, 혼돈, 카오스
character [kǽriktər 캐′럭터~] 성격, 특성, 문자
characterize [kǽriktəràiz 캐′럭트라′이지] ~의 특징을 나타내다
charity [tʃǽrəti 취애′르리] 자선, 자비
chasm [kǽzm 캐′즘] 깊이 갈라진 틈, 간격
cheap [tʃí:p 취′잎] 싸구려의, 싼, 값싼
chemical [kémikəl 케′므끌] 화학적인, 화학의
chic [ʃí:k 쉬′익] 멋진, 세련된, 맵시 있음
chicken [tʃíkən 취′끈] 닭, 닭고기
chimera [kimíərə 크미′어~러] 키메라, 괴물
chronicle [krǽnikl 크러′느끌] 연대기, 연대순으로 기록하다
church [tʃə́:rtʃ 취어′~취] 교회, 예배

cinema [sínəmə 씨'느머] 영화, 영화관, 영화 제작

cinnamon [sínəmən 씨'너먼] 계피, 육계나무

circle [sə́ːrkl 써~'끌] 원, 범위, 순환

circular [sə́ːrkjulər 써'~큘러~] 원형의, 원의, 둥근

circulatory [sə́ːrkjulətɔ̀ːri 써'~큘러토`어리] 순환성의, 순환의

circumstantial [sə̀ːrkəmstǽnʃəl 써~`컴스땐'쉬얼] 상황의, 주위 사정에 따른

circus [sə́ːrkəs 써'~꺼쓰] 서커스, 곡예, 원형 광장

citizen [sítəzən 씨'트즌] 국민, 시민, 거주자

clap [klǽp 클랲'] 치다, 박수갈채를 보내다

clapping [klǽpiŋ 클래'삥] 박수, 손뼉치기

classify [klǽsəfài 클래'쓰프하'이] 분류하다, 등급으로 나누다

click [klík 클릭'] 클릭하다, 버튼을 누르다

climb [kláim 클라'임] 상승, 오르다, 기어오르다

clinical [klínikəl 클리'느끌] 분석적인, 임상의

clock [klák 클륵'] 시계, 시간을 재다

close [klouz 클로'우즈] (동)닫다, 닫히다
_____ [klóus 클로'우씨] (형)가까운

cloth [klɑ́θ 클ㄹ'쓰이] 천, 옷감

clothe [klóuð 클로'우드의] 옷을 주다, 의복을 입히다

club [klʌ́b 클러'업] 곤봉, 곤봉으로 때리다, 동호회

coastal [kóustəl 코'우스뜰] 해안의, 해변의

coat [kóut 코울'] 코트, 상의, 웃옷으로 덮다

coherent [kouhíərənt 커히'어~은ㅌ] 논리적인, 일관성 있는

coin [kɔ́in 코'인] 주조하다, 경화, 화폐

coincide [kòuinsáid 코`우인싸'읻] 동시에 일어나다, 일치하다

cold [kóuld 코'울ㄷ] 추운, 감기, 차가운

collaborative [kəlǽbərèitiv 커을래'버레`이립] 협력적인, 합작의

collect [kəlékt 커을렉'ㅌ] 모으다, 수집하다, 징수하다

collide [kəláid 커을라'읻] 충돌하다, 상충하다

collision [kəlíʒən 커을리'줜] 충돌, 상충

colossal [kəlɑ́səl 컬ㄹ'쓸] 엄청난, 놀랄 만한

colt [kóult 코'울ㅌ] 망아지

column [kɑ́ləm 쿨'럼] 기둥, 원주, 서명, 기고

coma [kóumə 코'우머] 혼수상태, 씨의 솜털

combine [kəmbáin 컴바'인] 결합시키다, 연합체

comic [kɑ́mik 크'믹] 희극의, 희극 영화, 익살스러운

command [kəmǽnd 커맨'] 명령하다, 지휘하다

commercial [kəmə́ːrʃəl 커머'~쉬얼] 상업의, 통상의, 영리적인

common [kɑ́mən 크'먼] 공통의, 보통의, 평범한

community [kəmjúːnəti 커뮤'우느리] 공동 사회, 일반 사회

comparative [kəmpǽrətiv 컴패'러립이] 비교의, 비교에 의한

compare [kəmpéər 컴페′어~] 비교하다, 맞먹다

compete [kəmpíːt 컴피′잍] 경쟁하다, 비견하다

competent [kámpətənt 큼′플은-] 유능한, 자격이 있는

competitive [kəmpétətiv 컴페′르립이] 경쟁의, 경쟁적인

compile [kəmpáil 컴파′이얼] 편집하다, 수집하다

complete [kəmplíːt 컴플리′잍] 완료하다, 완결한

compose [kəmpóuz 컴포′우즈] 작곡하다, 구성하다

compromise [kámprəmàiz 큼′퍼~마`이즈] 타협하다, 손상하다

computer [kəmpjúːtər 컴퓨′우러~] 컴퓨터, 계산자, 계산기

concede [kənsíːd 컨씨′읻] 양보하다, 용인하다, 인정하다

concern [kənsə́ːrn 컨써~′ㄴ] ~에 관계하다, 걱정하다

concert [kánsəːrt 큰′써~트] 음악회, 협력

conclude [kənklúːd 컹클루′욷] 끝내다, 결론 짓다

conclusion [kənklúːʒən 컹클루′쥐언] 결론, 결말, 종결

confirm [kənfə́ːrm 컨프허~′ㅁ] 확인하다, 승인하다

connective [kənéktiv 커넥′팁이] 접속적인, 연결하는

conscience [kánʃəns 큰′쉬언씨] 양심, 도의

consequent [kánsəkwənt 큰′쓰꾸은트] 결과의, 필연의

conservative [kənsə́ːrvətiv 컨써′~ㅂ어립이] 보수적인, 보수적인 사람

considerable [kənsídərəbl 컨씨′더러~블] 상당한, 다량의

consistent [kənsístənt 컨씨′쓴-] 일관된, 언행이 일치된

consonant [kánsənənt 큰′써넌트] 자음, 일치하는

conspicuous [kənspíkjuəs 컨스삐′뀨어씨] 눈에 띄는, 저명한

constituent [kənstítʃuənt 컨스띠′츄언] 구성하는, 구성 요소

constitute [kánstətjùːt 큰′스뜨튜`욷] 구성하다, 설립하다

constitutional [kànstətjúːʃənl 큰`스뜨튜′우쉬어늘] 헌법의, 구성상의

consult [kənsʌ́lt 컨썰′트] 의견을 묻다, 참고하다

consume [kənsúːm 컨쑤′움] 소비하다, 소멸시키다

consumption [kənsʌ́mpʃən 컨썸′쉬언] 소비, 소모

contemporary [kəntémpərèri 컨템′퍼레`리] 현대의, 당대의

contempt [kəntémpt 컨템′트] 경멸, 치욕

continual [kəntínjuəl 컨티′뉴얼] 끊임없는, 빈번한

continuous [kəntínjuəs 컨티′뉴어씨] 연속적인, 끊임없는

contraction [kəntrǽkʃən 컨츠랙′쉬언] 수축, 단축, 축소

control [kəntróul 컨츠로'울] 통제하다, 지배하다
convene [kənví:n 컨ㅂ이'인] 소집하다, 소환하다, 집중하다
convenient [kənví:njənt 컨ㅂ이'이니언트] 편리한, 사용하기 좋은, 형편이 좋은
convention [kənvénʃən 컨ㅂ엔'쉬언] 집회, 관습, 대회
cook [kúk 큭'] 요리사, 요리를 만들다
cool [kú:l 크'울] 시원한, 냉정한
copy [kápi 크'삐] 사본, 부, 베끼다
corporate [kɔ́:rpərət 코'어~뻐릴] 법인 조직의, 단체의, 공동의
correctly [kəréktli 커레'끌리] 정확하게, 올바르게
corruptive [kərʌ́ptiv 커렆'팁이] 부패시키는, 부패성의
cosmetic [kɑzmétik 커즈메'릭] 화장품, 겉치레
cough [kɔ:f 커'엎히] 기침하다, 기침
could [kúd 쿠읃] ~할 수 있다, ~하여도 좋다
courageous [kəréidʒəs 커레'이쥐어쓰] 용기 있는, 용감한
cradle [kréidl 크레'이를] 요람, 발상지
credible [krédəbl 크레'러블] 신용할 수 있는, 확실한
criticize [krítəsàiz 크리'르싸'이지] 비평하다, 비판하다
crowded [kráudid 크라'우릳] 붐비는, 혼잡한
crude [krú:d 크루'읃] 천연 그대로의, 자연의

cry [krái 크라'이] 부르짖다, 엉엉 울다, 외치다
cube [kjú:b 큐'웁] 정육면체, 세제곱
cucumber [kjú:kʌmbər 큐'우껌버~] 오이
cunning [kʌ́niŋ 커'닝] 교활한, 약삭빠른
cup [kʌ́p 컾'] 컵, 찻잔
curious [kjúəriəs 큐'어~이어쓰] 궁금한, 호기심이 많은
cute [kjú:t 큐'욷] 귀여운, 예쁜
cycle [sáikl 싸'이끌] 주기, 자전거

D

dare [déər 데'어~] 감히 ~하다, 도전, 대담하게 ~하다
data [déitə 데'이러] 자료, 정보
daughter [dɔ́:tər 더'어러~] 딸, 여성
dead [déd 뎉'] 죽은, 생명이 없는
deadline [dédlàin 데'를라'인] 기한, 마감시간
debt [dét 뎉'] 빚, 채무, 부채
decide [disáid 드싸'읻] 결정하다, 결심하다
decipher [disáifər 드싸'이프허~] 풀다, 번역하다
decision [disíʒən 드싸'쥐언] 결정, 판결, 결단
declare [dikléər 디끌레'어~] 선언하다, 공표하다
decline [dikláin 디끌라'인] 거절하다, 사절하다, 쇠퇴하다
decorate [dékərèit 데'꺼레'일] 장식하다, ~에게 훈장을 주다
dedicate [dédikèit 데'르케'일] 바치다, ~

에게 전념하다

deduce [didjúːs 드듀´우씨] 연역하다, 추론하다

defensive [difénsiv 드프헨´씹이] 변호, 방비용의, 방어적인

definite [défənit 데´프호닡] 명확한, 확정된

definitive [difínətiv 드프히´느맆이] 결정적인, 최종적인

degree [digríː 디그리´이] 정도, 학위

delay [diléi 들레´이] 지연, 지체, 미루다

delete [dilíːt 들리´잍] 삭제하다, 지우다

deleterious [dèlitíəriəs 델´르티´어~이어씨] 해로운, 유독한

delicacy [délikəsi 델´르꺼씨] 미묘함, 진미, 별미

delicate [délikət 델´르낕] 섬세한, 미묘한

delicious [dilíʃəs 들리´쉬어씨] 매우 맛있는, 참으로 맛좋은

delight [diláit 들라´잍] 기쁨, 기쁘게 하다

delineate [dilínièit 들리´니에´잍] 윤곽을 그리다, 묘사하다

demand [dimǽnd 드맨´] 요구하다, 수요

democracy [dimákrəsi 드마´꺼~씨] 민주주의, 민주 정치

democratic [dèməkrǽtik 데´머크래´맄] 민주주의의, 민주 정체의

denial [dináiəl 드나´이얼] 부인, 거절

dependent [dipéndənt 드펜´든ㅌ] 의지하고 있는, 종속된

deplore [diplɔ́ːr 디쁠로´어~] 한탄하다, 개탄하다

derivative [dirívətiv 드리´브어맆이] 파생적인, 유래된, 파생물

describe [diskráib 디스끄라´잎] 묘사하다, 설명하다

description [diskrípʃən 디스끄맆´쉬언] 묘사, 설명

design [dizáin 드자´인] 계획, ~을 디자인하다

desire [dizáiər 드자´이어~] 원하다, 욕망, 바라다

despite [dispáit 디스빠´잍] ~임에도 불구하고, 무례, 모욕

deterrent [ditə́ːrənt 드터´~른ㅌ] 제지하는 것

dew [djúː 듀´우] 이슬, 물방울

dial [dáiəl 다´이얼] 문자판, 전화하다

diet [dáiət 다´이엍] 식이 요법, 식품

different [dífərənt 디´프흐른] 다른, 여러 가지의

digital [dídʒətl 디´쥐틀] 디지털(방식)의, 계수형의

dilemma [dilémə 들레´머] 궁지, 딜레마, 진퇴양난

diligent [dílədʒənt 딜´르쥐은ㅌ] 근면한, 부지런한, 공들인

dimension [diménʃən 드멘´쉬언] 크기, 치수, 규모

diminish [dimíniʃ 드미´느쉬] 줄다, 감소하다, 축소하다

diploma [diplóumə 디쁠로´우머] 졸업 증서, 졸업장

directly [diréktli 드렉´끌리] 똑바로, 곧장, 즉시

dirty [də́ːrti 더´~리] 더러운, 때 묻은, 불결한

disability [dìsəbíləti 디`써빌'르리] 무력, 무능, 신체장애

disadvantage [dìsədvǽntidʒ 디`써브애'니쥐] 불리, 열세, 불리한 상태

disagree [dìsəgríː 디`써그리'이] 일치하지 않다, 의견이 다르다

disappear [dìsəpíər 디`써피'어~] 사라지다, 보이지 않다

disaster [dizǽstər 드재'스떠~] 참사, 재앙

disciplinary [dísəplinèri 디'쓰쁠리네`리] 규율상의, 훈련의

discuss [diskʌ́s 디스꺼'씨] 논의하다, 공론화하다

discussion [diskʌ́ʃən 디스꺼'쉬언] 논의, 회의

disease [dizíːz 드지'이즈] 병, 폐해

disgust [disgʌ́st 디스거'스뜨] 혐오, 싫증나게 만들다

dishonor [disánər 드싸'너~] 불명예, 망신

disorder [disɔ́ːrdər 드쏘'어~러~] 무질서, 혼란, 장애

disposable [dispóuzəbl 디스뽀'우저블] 처분할 수 있는, 쓰고 버릴 수 있는

distinction [distíŋkʃən 디스띵'쉬언] 구별, 우수성, 특징

doctor [dáktər 득'터~] 의사, 박사

document [dákjumənt 드'뀨믄트] 문서, 서류

dolphin [dálfin 드'으프힌] 돌고래, 계선주

doubt [dáut 다'웉] 의심하다, 의심

doubtful [dáutfəl 다'웉프흘] 의심스러운, 의문을 품게 하는

doughnut [dóunət 도'우넡] 도넛, 도넛 모양의

dragon [drǽgən 즈래'건] 용, 큰 뱀

drain [dréin 즈레'인] 배수하다, 배수로

drama [drǽmə 즈래'머] 희곡, 드라마, 각본

dramatic [drəmǽtik 더~매'릭] 희곡의, 극적인

dream [dríːm 즈리'임] 꿈, 꿈꾸다, 상상하다

drink [dríŋk 즈링'크] 마시다, 음료

drought [dráut 즈라'웉] 가뭄, 고갈

drown [dráun 즈라'운] 물에 빠지다, 열중하다

dubious [djúːbiəs 듀'우비어씨] 수상쩍은, 모호한

duck [dʌ́k 덕'] 오리, 오리고기, 몸을 피하다

dumb [dʌ́m 덤'] 우둔한, 벙어리의

E

ebb [éb 엡'] 썰물, 쇠퇴하다

eclipse [iklíps 이클맆'씨] 일(월)식, 어둡게 하다

economic [èkənámik 에`꺼느'믹] 경제의, 경제적인, 경제학의

economy [ikánəmi 으끄'너미] 경제, 절약, 경제 기구

edema [idíːmə 으디'이머] 부종, 수종

edge [édʒ 에'쥐] 가장자리, 끝, 날

edit [édit 에'맅] 편집하다, 교정하다

edition [idíʃən 으디'쉬언] 판, 부수, 1회분

educate [édʒukèit 에'쥬케`잍] 교육하다, 양성하다

educative [édʒukèitiv 에'쥬케`이맆] 교육에 도움이 되는, 교육의

effective [iféktiv 으프헥'팁이] 효과적인, 유효한

efficacy [éfikəsi 에'프흐꺼씨] 효험, 효능, 유효성

efficient [ifíʃənt 으프히'쉬언트] 능률적인, 유능한

ego [íːgou 이'이고우] 자아, 자존심, 자기

elegant [éligənt 엘'르건트] 우아한, 세련된

embargo [imbáːrgou 임바'어~거] 통상 금지, 출항을 금지하다

emerge [iməːrdʒ 으머~'쥐] 나타나다, 나오다, 도착하다

emergent [iməːrdʒənt 으머'~쥐언트] 신흥의, 나타나는

emotion [imóuʃən 으모'우쉬언] 감정, 정서, 감동

employ [implɔ́i 임플로'이] 고용하다, 사용하다

empty [émpti 엠'티] 빈, 공허한, 주인이 없는

emulsion [imʌ́lʃən 으머'으쉬언] 유액, 에멀션 도료

enable [inéibl 이네'이블] 가능하게 하다, 할 수 있게 하다

end [énd 엔'] 끝나다, 결말, 목적

endorse [indɔ́ːrs 인도'어~씨] 승인하다, 통과시키다

enemy [énəmi 에'느미] 적, 적군, 적의

energetic [ènərdʒétik 에`너~쮀'릭] 정력적인, 원기 왕성한

energy [énərdʒi 에'너~쥐] 정력, 원기, 에너지

engage [ingéidʒ 인게'이쥐] 약속하다, 고용하다

enjoy [indʒɔ́i 인죠'이] 즐기다, 갖고 있다

enlarge [inláːrdʒ 인라'어~쥐] 팽창하다, 커지다

enormous [inɔ́ːrməs 으노'어~머씨] 거대한, 막대한

enough [inʌ́f 으넢'흐] 충분한, 충분히, 족할 만큼의

enroll [inróul 인로'울] 등록하다, 기록하다

enthusiastic [inθùːziǽstik 인쓰우'지애'스떡] 열심인, 열중해 있는

entire [intáiər 인타'이어~] 전체의, 완전한

entry [éntri 엔'츠리] 입장, 등록, 기재

episode [épəsòud 에'쁘쏘'운] 삽화, 1편

equal [íːkwəl 이'이꾸얼] 같은, 감당하는, 동등한

equity [ékwəti 에'꾸으리] 공평, 공정, 재산

equivocal [ikwívəkəl 으쿠'이브어끌] 애매한, 분명치 않은

era [íərə 이'어~러] 기원, 연대

erasion [iréiʒən 으레'이줘언] 삭제, 말소

erosion [iróuʒən 으로'우줘언] 침식, 부식

erroneous [iróuniəs 으로'우니어씨] 잘못된, 틀린

escalate [éskəlèit 에'스껄레'잍] 증가시키다, 확대하다

escapable [iskéipəbl 이스께'이뻐블] 피할 수 있는, 회피 가능한

escape [iskéip 이스께'잎] 달아나다, 피하다

essential [isénʃəl 으쎈'쉬얼] 본질적인, 필수의

establish [istǽbliʃ 이스때'블리쉬] 설립하다, 수립하다

ethnic [éθnik 에`쓰으닉] 인종의, 민족 특유의

eureka [juərí:kə 유리`이꺼] 알았다, 바로 이것이다

evaluate [ivǽljuèit 으ㅂ앨`류에`잍] 평가하다, 어림하다

eventual [ivéntʃuəl 으ㅂ엔`츄얼] 최후의, 궁극적인

evocative [ivάkətiv 으ㅃ`꺼립이] 환기시키는, 생각나게 하는

exact [igzǽkt 익잭`ㅌ] 정확한, 엄격한, 정밀한, 꼼꼼한

exactly [igzǽktli 익잭`끌리] 정확하게, 엄밀히

exaggerate [igzǽdʒərèit 익재`쥐레`잍] 과장하다, 과대시하다

example [igzǽmpl 익잼`플] 예, 본보기, 모범

except [iksépt 잌쎕`ㅌ] ~을 제하고는, ~외에는

excessive [iksésiv 잌쎄`씹이] 과도한, 지나친, 극단적인

excitation [èksətéiʃən 엑`쓰테`이쉬언] 자극, 흥분

exclaim [ikskléim 잌쓰끌레`임] 외치다, 소리치다

exclude [iksklú:d 잌쓰끌루`운] 제외하다, 배제하다

excuse [ikskjú:z 잌쓰뀨`우즈] 용서하다, 실례, 변명

execute [éksikjù:t 엑`쓰큐`웉] 실행하다, 집행하다

exemplify [igzémpləfài 익젬`플르프하`이] 실증하다, 예가 되다

exempt [igzémpt 익젬`ㅌ] 면제하다, 없애주다

existent [igzístənt 익지`쓰은-] 실재하는, 존재자

expansion [ikspǽnʃən 잌쓰빤`쉬언] 팽창, 확장, 확대

expect [ikspékt 잌쓰뻭`ㅌ] 기대하다, 생각하다

expensive [ikspénsiv 잌쓰뻰`씹이] 비싼, 고가의

expert [ékspə:rt 엑`쓰뻐~ㅌ] 전문가, 숙련가

expire [ikspáiər 잌쓰빠`이어~] 만기가 되다, 끝나다

explain [ikspléin 잌쓰쁠레`인] 설명하다, 해명하다

explode [ikspló ud 잌쓰쁠로`운] 폭발하다, 격발하다

express [iksprés 잌쓰쁘레`쓰] 말하다, 표시하다, 속달

exquisite [ékskwizit 엑`쓰꾸이짙] 정교한, 절묘한

extend [iksténd 잌쓰뗀`] 뻗다, 연장하다

extensive [iksténsiv 잌쓰뗀`씹이] 광범위한, 넓은, 광대한

external [ikstə́:rnl 잌쓰떠~`늘] 외부의, 밖의

extinct [ikstíŋkt 잌쓰띵`ㅌ] 멸종된, 단절된

F

factory [fǽktəri 프햌`터리] 공장, 제작소, 온상

fake [féik 프헤'읶] 위조품, ~인 체하다
fall [fɔ́:l 프오'을] 가을, 폭포, 떨어지다
false [fɔ́:ls 프오'으씨] 나쁜, 그릇된, 부정
family [fǽməli 프해'믈리] 가족, 일가
fantastic [fæntǽstik 프핸태'스떢] 공상적인, 굉장한
fare [féər 프헤'어~] 요금, 운임
fatal [féitl 프헤'이를] 처참한, 치명적인
fatality [fətǽləti 프허탤'르티] 사망자, 숙명, 치사성
fearful [fíərfəl 프히'어~프흘] 무서운, 두려워하는
federal [fédərəl 프헤'드르를] 연방의, 동맹의, 연합의
feel [fí:l 프히'이얼] 기분, 느끼다
fibre [fáibər 프하'이버~] 섬유, 섬유질 식품, 섬유질
fight [fáit 프하'잍] 싸우다, 싸움, 전투하다
filamentous [filəméntəs 프힐'러멘'터쓰] 섬유의, 실 같은
finance [fáinæns 프하'이낸'씨] 자원, 기금을 대다
financial [finǽnʃəl, fai- 프하이낸'쉬얼, 프흐낸'쉬얼] 재정상의, 재무의
fire [fáiər 프하'이어~] 발사하다, 불
first [fə́:rst 프허~'스뜨] 첫째의, 첫째로, 맨 먼저
fit [fit 프힡'] 적합한, 적합하다
flu [flú: 프흘루'우] 독감, 유행성 감기
fold [fóuld 프호'울] 접다, 주름
follow [fɑ́lou 프호'을로우] 따라가다, 뒤따르다
foreign [fɔ́:rən 프호'어~이인] 외국의, 외국산의, 대외적인
fragility [frədʒíləti 프허~쥘'르리] 부서지기 쉬움, 허약
fuel [fjú:əl 프휴'우얼] 연료, ~에 연료를 공급하다
fulfill [fulfíl 프허으프히'을] 다하다, 이행하다
function [fʌ́ŋkʃən 프헝'쉬언] 기능, 직능, 의식
funny [fʌ́ni 프허'니] 익살맞은, 이상한
furious [fjúəriəs 프휴'어~이어쓰] 격노한, 맹렬한
further [fə́:rðər 프허~'드어~] 더 멀리, 더 나아가서, 더 먼

G

gamble [gǽmbl 갬'블] 투기를 하다, 모험, 도박
game [géim 게'임] 놀이, 사냥감, 경기
garbage [gɑ́:rbidʒ 가'어~비쥐] 쓰레기, 찌꺼기, 무가치한 것
gargle [gɑ́:rgl 가'어~글] 양치질하다, 양치질
gene [dʒí:n 쥐'인] 유전자, 유전 인자
general [dʒénərəl 줴'느르를] 일반의, 세상 일반의, 대장
generative [dʒénəreitiv 줴'느레'이립ㅇ] 생식력이 있는, 발생의
generous [dʒénərəs 줴'느러쓰] 관대한, 아낌없이 주는
genius [dʒí:njəs 쥐'이니어쓰] 천재, 귀재, 비범한 재능
geology [dʒiɑ́lədʒi 쥐올'러쥐] 지질학, (특

정 지역의) 지질학적 기원
ghetto [gétou 게'러] 슬럼가, 게토
ghost [góust 고'우스뜨] 유령, 환영
giggle [gígl 기'글] 낄낄 웃음, 낄낄 웃다
ginger [dʒíndʒər 쥔'줘~] 생강, 자극
girl [gə́ːrl 거'~ㄹ] 소녀, 계집아이
globular [glʌ́bjulər 글럭'뷸러~] 구형의, 공 모양의
God [gád 가'읃] 신, 창조주
gold [góuld 고'울ㄷ] 금, 금으로 만든
good [gúd 그'읃] 좋은, 훌륭한
gorgeous [gɔ́ːrdʒəs 고'어~쥐어ㅆ] 멋진, 화려한
got [gát 갇'] get의 과거·과거분사형
graceful [gréisfəl 그레'이쓰프흘] 우아한, 솔직한, 예의 바른
grade [gréid 그레'읻] 품질, 등급, 나누다, 분류하다
graduate [grǽdʒuèit 그래'쥬에'읻] 졸업하다, 졸업생, 대학원의
grammar [grǽmər 그래'머~] 문법, 문법학, 어법
graph [grǽfik 그랲흑'] 그래프, 도표, 도식
green [gríːn 그리'인] 녹색의, 미숙한
guarantee [gæ̀rəntíː 개'런티'이] 보증, 보증하다, 보증서
guess [gés 게'ㅆ] 짐작하다, 추측하다, 추측
guilt [gílt 길'트] 범죄, 유죄
guitar [gitɑ́ːr 기타'어~] 기타, 기타를 치다
gun [gʌ́n 거'언] 대포, 총
gut [gʌ́t 겉'] 소화관, 명주실, 직감

H

habit [hǽbit 해'빝] 습관, 버릇
ham [hǽm 해'앰] 햄, 훈제 돼지고기
handsome [hǽnsəm 핸'썸] 잘생긴, 단단한, 큰 액수의
happen [hǽpən 해'쁜] 일어나다, 우연히 ~하다
happy [hǽpi 해'삐] 행복한, 행운의
harbor [hɑ́ːrbər 하'어~버~] 항구, 피난처, 은신처
harmful [hɑ́ːrmfəl 하'어~ㅁ프흘] 해로운, 유해물, 유해한
harmonious [hɑːrmóuniəs 허~모'우니어ㅆ] 조화된, 조화로운
harmony [hɑ́ːrməni 하'어~머니] 조화, 일치, 화합
hatred [héitrid 헤'이츠맆] 증오, 미움, 원한
help [hélp 헤'읖] 돕다, 도움, 기여하다
helpful [hélpfəl 헤'으프흘] 도움이 되는, 유익한
herb [hə́ːrb 허'~ㅂ, 어'~ㅂ] 약초, 허브
heredity [hərédəti 흐레'러리] 유전, 상속
hero [híərou 히'어~러] 영웅, 주인공
hesitative [hézətèitiv 헤'즈테'이맆] 주저하는, 망설이는
hi [hái 하'이] 안녕, 이봐
highlight [háilàit 하'일라'읻] 강조하다, 눈에 띄게 하다
him [hím, im 히임, 이임] 그를, 그 남자를
hire [háiər 하'이어~] 고용하다, 세내다, 빌리다
his [híz, iz 히'ㅈ, 이ㅈ] 그의, 그 남자의
historic [histárik 히스뜨'릭] 역사상 유명

한, 역사적인

historical [histárikəl 히스뜨'르끌] 역사적인, 역사의

holiday [hálədèi 홀'르데'이] 휴일, 휴가, 휴일의

home [hóum 호'움] 집, 고향, 집으로

honest [ánist ㅇ'ㄴ스띠] 정직한, 솔직한

honor [ánər ㅇ'너~] 명예, 존경, 영광

honorary [ánərèri ㅇ'너레'리] 명예의, 직함만의

horizontal [hɑ̀rəzántl 호'어~으즈'늘] 수평의, 가로의

horrendous [hɔːréndəs 허렌'더씨] 무서운, 끔찍한

hot [hát 홑'] 더운, 뜨거운, 매운

hotter [hátər 흐'러~] hot의 비교급

hour [áuər 아'우어~] 시간, 특정한 한 시간

hug [hʌ́g 허'억] 껴안다, 포옹하다

huge [hjúːdʒ 휴'우쥐] 거대한, 막대한

hugging [hʌ́giŋ 허'깅] 포옹, 껴안기

humble [hʌ́mbl 험'블] 겸손한, 비천한

humidify [hjuːmídəfài 휴미'르프하'이] 축축하게 하다, 습도를 주다

humidity [hjuːmídəti 휴미'르티] 습도, 습기

humorous [hjúːmərəs 유'우머~씨] 해학적인, 익살스러운

hundred [hʌ́ndrəd 헌'즈릳] 100, 백

hungry [hʌ́ŋgri 헝'그리] 배고픈, 허기진

husky [hʌ́ski 허'스끼] 목소리가 쉰, 껍질의

I

ignore [ignɔ́ːr 익노'어~] 못 보고 넘어가다, 무시하다

imaginary [imǽdʒənèri 으매'쥐네'리] 상상의, 가공의

immediate [imíːdiət 으미'이리얻] 즉각적인, 가까운

important [impɔ́ːrtənt 임포'어~은-] 중요한, 중대한

impressive [imprésiv 임프레'씹ㅇ] 인상적인, 감동적인

impulsion [impʌ́lʃən 임퍼'ㅇ스쉬언] 충격, 충동, 추진

inaccurate [inǽkjurət 이내'뀨럳] 부정확한, 틀린

incline [inkláin 잉클라'인] 내키게 하다, 기울다

include [inklúːd 잉클루'욷] 포함하다, 함유하다

incur [inkə́ːr 잉커~'] 초래하다, 지다

individual [indəvídʒuəl 이'ㄴ브이'쥬얼] 개인, 개인의

induce [indjúːs 인듀'우씨] 야기하다, 권유하다, 설득하다

industrious [indʌ́striəs 인더'스쯔리어씨] 근면한, 부지런한

infamous [ínfəməs 인'ㅍ허머씨] 평판이 나쁜, 악명 높은

infinite [ínfənət 인'ㅍ히닏] 무한한, 막대한

inflame [infléim 인프흘레'임] 불태우다, 흥분시키다

informative [infɔ́ːrmətiv 인프호'어~머립] 정보를 제공하는, 지식을 주는

initiate [iníʃièit 으니'쉬에'읻] 시작하다, 가입시키다

inject [indʒékt 인젝'트] 주사하다, 삽입하다

innocent [ínəsənt 이'너쓴트] 순진한, 때 묻지 않은, 결백한

insight [ínsàit 인'싸`일] 통찰력, 식견

insistent [insístənt 인씨'쓴-] 집요한, 고집하는

inspire [inspáiər 인스빠'이어~] 격려하다, 불어넣다

install [instɔ́ːl 인스또'-을] 설치하다, 장치하다

instinct [ínstiŋkt 인'스띵트] 본능, 타고난 재능, 직관

instinctive [instíŋktiv 인스띵'팁이] 직관적인, 천성의, 본능의

institute [ínstətjùːt 인'스뜨튜`웉] 세우다, 설립하다

instruct [instrʌ́kt 인스쯔럭'트] 가르치다, 지시하다

insurance [inʃúərəns 인슈'어~언씨] 보험, 보험금, 보증

integral [intégrəl 인테'그를] 완전한, 필수의, 전체

intelligent [intélədʒənt 인테'을르쥐은트] 이해력 있는, 지적인

intensify [inténsəfài 인텐'쓰프하`이] 확대되다, 증가하다

intensive [inténsiv 인텐'씹이] 집중적인, 격연한

interest [íntərèst 이'느레`스띠] 흥미, 이익, 관심

interfere [ìntərfíər 이'너~프히'어~] 간섭하다, 참견하다

interpret [intə́ːrprit 인터'~퍼~트] 이해하다, 번역하다

interrupt [ìntərʌ́pt 이너~렆'트] 방해하다, 유예하다

intimidate [intímədèit 인티'므데`읻] 겁먹게 만들다, 협박하다

introduce [ìntrədjúːs 인'터~듀'우씨] 소개하다, 도입하다

introductory [ìntrədʌ́ktəri 인'터~덕'터리] 소개의, 서두의, 서문의

investigative [invéstigèitiv 인베에'스뜨게`이립이] 조사의, 연구의

ironical [airánikəl 아이롸'느끌, 으롸'느끌] 반어의, 빗대는, 얄궂은

irony [áiərəni 아'이어~니] 역설, 빈정댐

issue [íʃuː 이'쓔우-] 발행, 논점

J

jacket [dʒǽkit 줴'낕] 재킷, 덮개

jail [dʒéil 줴'이얼] 감옥, 구치소, 교도소

jelly [dʒéli 줴'을리] 젤리, 젤리 과자

jewel [dʒúːəl 쥬'우얼] 보석, 장신구

jockey [dʒáki 줘악'끼] 기수, 조종자

joke [dʒóuk 죠'욱] 농담, 농담하다, 놀리다

journal [dʒə́ːrnl 줘~'늘] 신문, 잡지, 일지, 학술지

journey [dʒə́ːrni 줘~'니이] 여행, 여정, 여행하다

joyful [dʒɔ́ifəl 죠'이프홀] 기쁜, 기쁨에 찬, 즐거운

junction [dʒʌ́ŋkʃən 졍'쉬언] 교차로, 접합점

june [dʒúːn 쥬'운] 6월

justice [dʒʌstis 쥐'스띠씨] 정의, 공정, 사법
justify [dʒʌstəfài 쥐'스뜨프하`이] 옳음을 입증하다, 정당화하다

K

keen [kíːn 키'인] 날카로운, 예리한
keep [kíːp 키'잎] 계속하다, 지키다, 유지하다
kettle [kétl 케'를] 솥, 주전자
kick [kík 킥'] 차다, 끊다
kid [kíd 키'잇] 어린이, 놀리다
kind [káind 카'인] 종류, 친절한
kit [kít 킽'] 한 세트, 상자
knee [níː 니'이] 무릎, 무릎치기
knight [náit 나'잍] 기사, 용사
know [nóu 노'우] 알다, 숙지하다
knuckle [nʌ́kl 너'끌] 손가락 관절, 주먹

L

label [léibəl 을레'이블] 상표, ~에 라벨을 붙이다
laborious [ləbɔ́ːriəs 을러보'어~이어씨] 근면한, 힘든
lack [lǽk 을랙'] 부족, 결핍, 결핍되다
lamb [lǽm 을램'] 새끼 양, 어린양
laugh [lǽf 을랲ㅎ'] 웃다, 웃음, 조소
launch [lɔ́ːntʃ 을러'언취] 착수하다, 내보내다, 쏘다
laundry [lɔ́ːndri 을러'언즈리] 세탁물, 세탁소, 세탁실
law [lɔ́ː 을러'어] 법률, 법
layer [léiər 을레'이여~] 막, 층, 겹
legacy [légəsi 을레'거씨] 유산, 물려받은 기질
legitimate [lidʒítəmət 을르쥐'르밑] 정당한, 타당한, 적법한
lesion [líːʒən 을리'이쥐언] 손상, 상해, 상처
life [láif 을라'잎ㅎ] 생명, 생활, 인생
light [láit 을라'잍] 가벼운, 빛, 밝은
likely [láikli 을라'이끌리] 할 것 같은, 가능성 있는
linkage [líŋkidʒ 을링'키쥐] 결합, 연합, 연관
liquid [líkwid 을리'꾸읻] 액체, 액체의
listen [lísn 을리'쓴-] 듣다, 들어주다
literature [lítərətʃər 을리'르러어~춰~] 문학, 문헌
little [lítl 을리'를] 작은, 조금, 거의 없는
low [lóu 을로'우] 낮은, 낮게
luckily [lʌ́kili 을러'끌리] 운 좋게, 다행히
lucky [lʌ́ki 을러'끼] 행운인, 행운의
luxurious [lʌgʒúəriəs 을럭쥬'어~이어씨] 사치스러운, 호화로운

M

madam [mǽdəm 매'럼] 부인, 마님, 주부
magician [mədʒíʃən 머쥐'쉬언] 마술사, 요술쟁이
maintain [meintéin 메인테'인] 확언하다, 주장하다, 지속하다
make [méik 메'익] 만들다, 벌다, 나아가다
maker [méikər 메'이꺼~] 만드는 사람, 제작자
malignant [məlígnənt 멀리'그넌트] 악의에 찬, 악성인
manipulate [mənípjulèit 머니'쀼레`잍]

조종하다, 다루다, 조작하다
mansion [mǽnʃən 맨'쉬언] 대저택, 아파트
maple [méipl 메'이쁠] 단풍나무, 단풍
marvelous [mάːrvələs 마'어~ㅂ을러쓰] 놀라운, 훌륭한
massive [mǽsiv 매'씹이] 대량의, 큰
material [mətíəriəl 머티'어~이얼] 재료, 용구
maternal [mətə́ːrnl 머터~'늘] 어머니의, 모계의
mature [mətjúər 머츄'어~] 익은, 성숙한, 심사숙고한
maze [méiz 메'이지] 미로, 당혹
meaningful [míːniŋfəl 미'이닝프흘] 의미있는, 의미심장한
mechanism [mékənìzm 메'꺼니`즘] 기계장치, 메커니즘, 절차
meddle [médl 메'를] 간섭하다, 만지작거리다
media [míːdiə 미'이리어] 매스미디어, 대중매체
medicinal [mədísənl 므디'쓰늘] 약효가 있는, 약의
medicine [médəsin 메'르씬] 약, 의학, 주술
meet [míːt 미'일] 만나다, 접촉하다, 직면하다
melt [mélt 멜'트] 용해, 녹다
member [mémbər 멤'버~] 일원, 회원
memorable [mémərəbl 메'머~어블] 기억할 만한, 인상적인
memory [méməri 메'머리] 기억, 기억력, 추억

mere [míər 미'어~] 겨우, 단지, 단순한
merge [məːrdʒ 머'~쥐] 합병하다, 몰입시키다
merit [mérit 메'맅] 장점, 가치, 공적
microbial [maikróubiəl 마이크로'우비얼] 미생물의, 세균의
middle [mídl 미'를] 한가운데의, 중위의, 중앙
migratory [máigrətɔ́ːri 마'이거~토'리] 이주하는, 이동성의
mild [máild 마'이얼] 온화한, 부드러운
military [mílitèri 밀'르테`리] 군사의, 무력의, 군인들, 군대
milk [mílk 미'읔] 우유, 젖을 짜다
millennium [miléniəm 믈레'니엄] 황금시대, 천년
million [míljən 미'을리언] 100만, 대중
mine [máin 마'인] 광산, 나의, 내 것
mineralize [mínərəlàiz 미'느럴라`이지] 광물화하다, 광물을 채집하다
minimum [mínəməm 미'느멈] 최소한도, 극소, 최소의
minor [máinər 마'이너~] 적은 편의, 중요치 않은, 미성년의, 부전공의
miracle [mírəkl 미'러끌] 기적, 경이로움
miraculous [mirǽkjuləs 므래'끌러씨] 초자연적인, 기적의
misinterpret [mìsintə́ːrprit 미`씬터~'퍼~트] 오해하다, 오역하다
missile [mísəl 미'쓸] 미사일, 유도탄
mistake [mistéik 미스떼'잌] 실수, 오류, 오해하다, 잘못 판단하다
misunderstand [mìsʌndərstǽnd 미`썬더

~스맨'] 오해하다, 잘못 해석하다
misuse [misjúːs 미쓔'우쓰] 오용, 악용
mobility [moubíləti 머빌'르리] 이동성, 기동성
model [mɑ́dl 므'를] 모델, 모형을 만들다, 모양
modify [mɑ́dəfài 므'르프하'이] 변경하다, 조절하다, 개조하다
molecular [məlékjulər 멀레'큘러~] 분자의, 분자 간에 존재하는
momentous [mouméntəs 머멘'터쓰] 중요한, 중대한
momentum [mouméntəm 머멘'텀] 운동량, 힘, 기세
monarch [mɑ́nərk 므'너~크] 세습적 군주, 지배자
monopoly [mənɑ́pəli 머누'뺄리] 독점, 전매, 독점권
monotonous [mənɑ́tənəs 머누'러너쓰] 단조로운, 지루한
more [mɔ́ːr 모'어~] 더 많이, 더 많은
morning [mɔ́ːrniŋ 모'어~닝] 아침, 오전, 아침의
mummy [mʌ́mi 머'미] 미이라, 엄마
muscle [mʌ́sl 머'쓸] 근육, 근력, 힘, 핵심
muscular [mʌ́skjulər 머'스큘러~] 근육의, 강건한, 힘찬
museum [mjuːzíːəm 뮤우지'이엄] 박물관, 미술관, 기념관
music [mjúːzik 뮤'우직] 음악, 악곡, 악보
musical [mjúːzikəl 뮤'우즈끌] 음악의, 음악적인, 뮤지컬
musician [mjuːzíʃən 뮤우지'쉬언] 음악가, 작곡가, 연주가

N

name [néim 네'임] 이름, 평판, 명성
narrow [nǽrou 내'로우] 좁아지다, 폭이 좁은
national [nǽʃənl 내'쉬어늘] 국가의, 국민의, 전국적인
nature [néitʃər 네'이춰~] 자연, 성질
neck [nék 넥'] 목, 목뼈
necklace [néklis 네'끌리씨] 목걸이, 네크리스
needle [níːdl 니'이를] 바늘, 깁다, 신경을 건드리다
negativity [nègətívəti 네`거티'브으리] 소극성, 음성, 부정성
nephew [néfjuː 네'프휴우] 조카, 남자 조카
net [nét 넽'] 그물, 망
neuron [njúərɑn 뉴'우런] 뉴런, 신경 단위
nice [náis 나'이씨] 좋은, 친절한
night [náit 나'잍] 밤, 저녁, 야간의
no [nóu 노'우] 아니, 조금도 ~않다
nobility [noubíləti 너빌'르리] 귀족, 고귀함, 고결함
noble [nóubl 노'우블] 고상한, 웅장한, 기품 있는
nominate [nɑ́mənèit 느'므네'잍] 임명하다, 제안하다
noon [núːn 느'운] 정오, 전성기, 절정
normal [nɔ́ːrməl 노'어~믈] 보통의, 정상의, 표준의
nose [nóuz 노'우지] 코, 쓸데없는 간섭, 참견
not [nɑ́t 늘'] ~아니다, 않다

notify [nóutəfài 노'우르프하'이] 통지하다, 알리다

notorious [nətɔ́ːriəs 너토'어~이어씨] 악명 높은, 오명이 난

now [náu 나'우] 지금, 이제

number [nʌ́mbər 넘'버~] 번호, 수, ~을 세다

numerous [njúːmərəs 뉴'우머~어씨] 많은, 다수의

O

obedient [oubíːdiənt 어비'이리언트] 순종하는, 유순한

objective [əbdʒéktiv 업쥌'팁이] 객관적인, 목표, 목적

obligatory [əblíɡətɔ̀ːri 어블리'거토`리] 의무적인, 필수의, 강제적인

obsolete [ábsəlìːt 옵'썰릴] 구식의, 쓸모없는, 구식인

obstacle [ábstəkl 옵'스떠끌] 장애물, 방해물

obtain [əbtéin 업테'인] 얻다, 손에 넣다, 획득하다

obvious [ábviəs 옵'ㅂ이어씨] 분명한, 확실한, 너무 빤한

occasion [əkéiʒən 어케'이쥐언] 때, 행사, 적절한 때

occur [əkə́ːr 어커~'] 일어나다, 생기다

occurrent [əkʌ́rənt 어커'른트] 현재 일어나고 있는, 일시적인

ocean [óuʃən 오'우쉬언] 대양, 바다

odd [ád 읕'] 이상한, 기묘한

open [óupən 오'우쁜] 열다, 개방하다, 열린

opera [ápərə 오'쁘러] 오페라, 가극

operative [ápərèitiv 오'쁘레'이립이] 작용하는, 영향을 미치는, 숙련공

oppose [əpóuz 어포'우즈] 반대하다, 겨루다

opposite [ápəzit 오'뻐짙] 정반대의, ~의 맞은편에

orange [ɔ́ːrindʒ 오'어~언쥐] 오렌지, 오렌지색의, 오렌지 나무

order [ɔ́ːrdər 오'어~더~] 주문하다, 명령하다, 질서

ordinary [ɔ́ːrdənèri 오'어~르네`리] 보통의, 평범한

organic [ɔːrɡǽnik 어~개'닉] 유기농의, 유기체, 장기의

original [ərídʒənl 어리'줘늘] 독창적인, 최초의, 본래의

originality [ərìdʒənǽləti 어리`줘낼'르티] 독창성, 신기함, 기발함

originate [ərídʒənèit 어리'줘네`잍] 생기다, 일어나다, 유래하다

oscillatory [ásələtɔ̀ːri 오'쏠러토`리] 진동하는, 변동하는

out [áut 아'울] 나가다, 나오다, ~ 밖에

outrageous [autréidʒəs 아울레'이쥐어씨] 무도한, 지나친

overwhelm [òuvərhwélm 오'우ㅂ어~웨'음] 압도하다, 전복시키다

P

pacific [pəsífik 퍼씨'프힉] 평화로운, 고요한

pack [pǽk 팩'] 꾸리다, 꾸러미, 짐

package [pǽkidʒ 패'끼쥐] 소포, 꾸러미,

짐, 포장물

painful [péinfəl 페'인프흘] 괴로운, 아픈

pajamas [pədʒǽməs 퍼줴'머씨] 파자마, 헐렁한 바지

palace [pǽlis 팰'리씨] 궁전, 호화로운, 사치스러운

palm [pɑ́ːm 파'음] 손바닥, 손바닥에 감추다

pan [pǽn 패'앤] 냄비, 혹평하다

paper [péipər 페'이뻐~] 종이, 논문, 신문, 서류

parachute [pǽrəʃùːt 패'러쉬`웉] 낙하산

paradigm [pǽrədàim 패'러다`임] 전형적인 예, 모범

parental [pəréntl 퍼레'늘] 부모의, 부모다운

park [pɑ́ːrk 파'어~키] 공원, 주차시키다

participant [pɑːrtísəpənt 퍼~티'쓰뻔트] 참가자, 관계자, 관여하는

particular [pərtíkjulər 퍼~티'뀰러~] 특정한, 특별한, 까다로운

pass [pǽs 패'씨] 지나가다, 추월하다, 통과하다

passage [pǽsidʒ 패'씨쥐] 통행, 통로, 문구

passionate [pǽʃənət 패'쉬어닡] 열렬한, 정열적인

past [pǽst 패'스띠] 지난, 과거의

patient [péiʃənt 페'이쉬언트] 환자, 참을성이 있는

patrol [pətróul 퍼츠로'울] 순찰하다, 순시

peaceful [píːsfəl 피'이쓰프흘] 평온한, 평화로운

pebble [pébl 페'블] 조약돌, 자갈로 덮다

peck [pék 펰'] ~을 쪼다, 쪼기

pen [pén 페'엔] 펜, 만년필, 문필

pencil [pénsəl 펜'쓸] 연필, 펜슬

pension [pénʃən 펜'쉬언] 연금, 수당

pepper [pépər 페'뻐~] 후추, 고추

percent [pərsént 퍼~쎈'트] 퍼센트, 백분율

perception [pərsépʃən 퍼~쎕'쉬언] 지각, 인식, 직관

perfectly [pə́ːrfiktli 퍼~'프히끌리] 완전히, 완벽하게

performative [pərfɔ́ːrmətiv 퍼~포'어~머립] 수행적인, 수행적 표현

peripheral [pərífərəl 프리'프흐를] 주위의, 주변 장치

periphery [pərífəri 프리'프호리] 주위, 주변, 가장자리

perish [périʃ 페'르쉬] 멸망하다, 소멸하다, 사라지다

permissive [pərmísiv 퍼~미'씹이] 허용된, 묵인된

perplex [pərpléks 퍼~플렠'씨] 난처하게 하다, 혼란케 하다

phase [féiz 프헤'이즈] 상, 면, 단계

philosophy [filásəfi 프흘르'써프히] 철학, 근본 원리, 철리

phone [fóun 프호'운] 전화, 수화기

photograph [fóutəgræ̀f 프호'우러그뢔`히] 사진, 사진을 찍다

photography [fətágrəfi 프허트'거~프히] 사진 촬영, 사진술

picnic [píknik 피'크닠] 소풍

picture [píktʃər 픽'쳐~] 사진, 그림, 영화

piece [píːs 피'이씨] 조각, 작품

pigeon [pídʒən 피'쥐언] 비둘기, 숙맥

pillow [pílou 피'을로우] 베개, 베개를 베다

pipe [páip 파'잎] 파이프, 관, 피리를 불다

pirate [páiərət 파'이어릿] 해적질하다, 저작권을 침해하다

piratical [pairǽtikəl, pi- 파이래'르끌, 프래'르끌] 저작권 침해의, 해적 행위의

placebo [pləsí:bou 플러씨'이버] 위약, 아첨

plan [plǽn 플래'앤] 계획, 방법

plane [pléin 플레'인] 비행기, 평면, 평범한

planner [plǽnər 플래'너~] 계획자, 입안자

plaque [plǽk 플랙'] 장식판, 장식 액자, 치석

play [pléi 플레'이] 게임하다, 연주하다, 연극, 경기

pocket [pákit 포'낏] 호주머니, 소지품

pod [pád 포'읃] 볼록해지다, 다리

poet [póuət 포'우엍] 시인, 가인

polite [pəláit 펄라'잍] 예의 바른, 공손한

political [pəlítikəl 펄리'르끌] 정치의, 정치적인, 정치에 관한

poll [póul 포'우을] 투표하다, 여론 조사, 투표

popcorn [pápkɔ:rn 퐆'코'어~ㄴ] 팝콘, 튀긴 옥수수

popular [pápjulər 포'뺠러~] 인기 있는, 민중의

portrait [pɔ́:rtreit 포'어~츠레잍] 초상화, 생생한 묘사

position [pəzíʃən 퍼지'쉬언] 위치, 입장, 지위, 근무처

positive [pázətiv 파'즈립이] 명백한, 명확한, 확신하는

possession [pəzéʃən 퍼제'쉬언] 소유물, 재산, 소유

postpone [poustpóun 포우스포'운] 연기하다, 미루다

pot [pát 퐅] 냄비, 솥, 병, 화분에 심다

practicable [prǽktikəbl 프랰'티꺼블] 실시할 수 있는, 실용적인

precious [préʃəs 프레'쉬어씨] 귀중한, 값비싼

preferential [prèfərénʃəl 프레`프흐렌'쉬얼] 선취의, 우선적인, 특혜의

prepare [pripɛ́ər 퍼~페'어~] 준비하다, 마련하다

price [práis 프라'이씨] 값, 가격, 대가

primitive [prímətiv 프리'므립이] 원시적인, 미개한

prince [príns 프린'씨] 왕자, 군주

principal [prínsəpəl 프린'씨쁠] 주요한, 주된, 학장, 총장

print [prínt 프린'트] 인쇄하다, 지문

prize [práiz 프라'이지] 상, 포상, 경품, 소중한 것

probation [proubéiʃən 프러베'이쉬언] 심사, 보호 관찰, 집행 유예

probe [próub 프로'웁] 탐침, 엄밀히 조사하다, 규명하다

produce [prədjú:s 퍼~듀'우씨] 생산하다, 산출하다

production [prədʌ́kʃən 퍼~덬'쉬언] 생산, 제품, 제작

promiscuous [prəmískjuəs 퍼~미'스뀨어씨] 난잡한, 혼잡한, 마구잡이의

prompt [prámpt 프롬'트] 신속한, 기민한

property [práparti 프러'뻐~리] 재산, 소유권

propose [prəpóuz 퍼~포'우즈] 제의하다, 작정하다, 신청하다

proposition [prɑpəzíʃən 프러'뻐지'쉬언] 제안, 명제, 제의

publish [pʌ́bliʃ 퍼'블리쉬] 발표하다, 출판하다

pupil [pjúːpəl 퓨'우쁠] 학생, 제자, 동공

pure [pjúər 퓨어'~] 순수한, 결백한, 깨끗한

purpose [pə́ːrpəs 퍼~'뻐'씨] 목적, 용도

puzzle [pʌ́zl 퍼'즐] 수수께끼, 퍼즐, 당황

Q

queen [kwíːn 쿠이'인] 여왕, 왕비, 왕후

question [kwéstʃən 쿠에'스춰언] 질문, 문제, 의문

quick [kwík 쿠익'] 빠른, 급속한, 신속한, 즉석의

quit [kwít 쿠잍'] 그만두다, 떠나다

R

rain [réin 레'인] 비, 비가 오다

rapidity [rəpídəti 러피'르리] 빠르기, 급속, 민첩

realm [rélm 레'음] 왕국, 범위, 영역

reasonable [ríːzənəbl 리'이저너블] 분별 있는, 이성적인

recall [rikɔ́ːl 리코'을] 소환하다, 회상하다

recipient [risípiənt 르씨'삐언트] 수납자, 수령인

reciprocal [risíprəkəl 르씨'뻐~끌] 상호간의, 역수, 호혜적인

recognize [rékəgnàiz 레'껙나'이즈] 인식하다, 인지하다, 알아보다

recommend [rèkəménd 레'꺼멘'] 권하다, 추천하다

reduce [ridjúːs 르듀'우씨] 줄이다, 감소시키다

reduction [ridʌ́kʃən 르덕'쉬언] 감소, 축소, 환원

regular [régjulər 레'귤러~] 정기적인, 규칙적인

regulatory [régjulətɔ̀ːri 레'귤러토'리] 규제의, 조정력을 가진

reign [réin 레'인] 군림하다, 통치하다

relative [rélətiv 렐'러립이] 친척, 상대적인, 관계가 있는

religious [rilídʒəs 를리'쥐어씨] 종교의, 독실한, 신앙심이 깊은

reluctant [rilʌ́ktənt 를럭'턴트] 마음이 내키지 않는, 꺼리는

reminiscent [rèmənísnt 레'므니'쓴트] 생각나게 하는, 연상시키는

remote [rimóut 르모'웉] 먼, 멀리 떨어진, 외딴

renew [rinjúː 리뉴'우] 갱신하다, 일신하다

repetition [rèpətíʃən 레'쁘티'쉬언] 반복, 되풀이, 중복

repetitive [ripétətiv 르페'르립이] 반복적인, 되풀이하는

representative [rèprizéntətiv 레'쁘~제'너립이] 대표적인, 대의원, 대표

require [rikwáiər 르쿠아'이어~] 필요로 하다, ~을 요구하다

resign [rizáin 르자'인] 사임하다, 포기하다, 버리다

respect [rispékt 리스뻭'트] 존경하다, 존경, 존중

respectful [rispéktfəl 리스뻭'프흘] 존경하는, 정중한, 공손한

respective [rispéktiv 리스뻭'팁이] 각각의, 각자의, 개개의

responsible [rispánsəbl 리스뻔'써블] 책임이 있는, 신뢰할 수 있는

restore [ristɔ́:r 리스또'어~] 복구하다, 회복시키다, 복직시키다

retire [ritáiər 르타'이어~] 은퇴하다, 퇴직하다, 물러가다

ridicule [rídikjù:l 리'르큐`울] 비웃다, 조롱하다

ridiculous [ridíkjuləs 르디'귤러씨] 웃기는, 우스운, 어리석은

right [ráit 라'잍] 권리, 인권, 옳은, 오른쪽의

rigor [rígər 리'거~] 엄함, 엄격, 호됨

risky [ríski 리'스끼] 위험한, 무모한, 모험적인

roll [róul 로'우을] 두루마리, 명부, 출석부, 구르다

room [rú:m 르'움] 방, 여지, 공간

root [rút 릍'] 뿌리, 근원, 응원하다

rotation [routéiʃən 러테'이쉬언] 회전, 순환, 자전

rowdy [ráudi 라'우리] 난폭한, 툭하면 싸우는, 소란스러운

rule [rú:l 루'울] 규칙, 지배, 지배하다

rumor [rú:mər 루'우머~] 소문, 루머, 유언비어

S

safe [séif 쎄'잎흐] 안전한, 안전히, 해가 없는, 금고

sail [séil 쎄'이얼] 돛, 범주하다, 항해하다

sake [séik 쎄'잌] 동기, 이익, 목적

saline [séili:n 쎄'일른] 염분을 함유한, 식염수

salmon [sǽmən 쌔'으먼] 연어, 연어의 살

salutation [sæ̀ljutéiʃən 쌜`루테'이쉬언] 인사말, 인사, 경례

sample [sǽmpl 쌤'플] 표본, 견본, 예

sanction [sǽŋkʃən 쌩'쉬언] 재가하다, 인가하다

sanitary [sǽnətèri 쌔'느테`리] 위생의, 위생적인

satellite [sǽtəlàit 쌔'를라'일] 위성, 인공위성

satisfactory [sæ̀tisfǽktəri 쌔`르스프핵'터리] 만족할 만한, 충분한

sauna [sɔ́:nə 써'어너] 목욕, 사우나

sausage [sɔ́:sidʒ 써'어씨쥐] 소시지, 순대

scare [skéər 스께'어~] 깜짝 놀라게 하다, 위협하다

scene [síːn 씨'인] 장면, 무대, 경치

scheme [skíːm 스끼'임] 계획, 설계

school [skúːl 스끄'울] 학교, 학부, 학파

scientific [sàiəntífik 싸'이언티'프힉] 과학적인, 과학의

scold [skóuld 스꼬'울] 꾸짖다, 잔소리하다

screen [skríːn 스끄리'인] 가리다, 선별하다, 병풍, 칸막이

scroll [skróul 스끄로'울] 두루마리, 족자

sculpture [skʌ́lptʃər 스꺼'읊쳐~] 조각, 조

각품
season [síːzn 씨'이즌] 계절, 제철, 양념하다
seat [síːt 씨'이ㅌ] 좌석, 자리, 착석시키다
second [sékənd 쎄'컨ㄷ] 두 번째의, 둘째로, 다음으로
section [sékʃən 쎅'쉬언] 잘라낸 부분, 부분, 구역
secure [sikjúər 쓰큐'어~] 안전한, 확보하다, 보증하다
sedentary [sédntèri 쎄'든테`리] 앉아서 하는, 앉아 있는
seize [síːz 씨'이지] 잡다, 체포하다
selection [silékʃən 쓸렉'쉬언] 선택, 선발, 정선품
selective [siléktiv 쓸렉'팁ㅇ] 선택할 수 있는, 선별적인
self [sélf 쎄'을ㅎ] 자기, 자아
senescent [sinésnt 쓰네'쓴ㅌ] 초로의, 늙은
sensation [senséiʃən 쎈쎄'이쉬언] 감각, 느낌, 기분
sensitive [sénsətiv 쎈'쓰립이] 민감한, 예민한, 신경질적인
separate [sépərèit 쎄'뻐레`잍] (동)갈라지다, 분리되다
_____ [sépərèit 쎄'뻐맅] (형)갈라진, 분리된
serendipity [sèrəndípəti 쎄`른디'쁘리] 운 좋은 발견, 우연한 발견
series [síəriːz 씨'어~이지] 연속, 일련, 시리즈
severe [səvíər 쓰ㅂ이'어~] 엄격한, 심한, 맹렬한
shake [ʃéik 쉐'잌] 흔들다, 악수하다, 떨다

shallow [ʃǽlou 쉐'을로우] 얕은, 얄팍한, 얕게 하다
share [ʃéər 쉐'어~] 몫, 주, 분배하다, 함께 나누다
she [ʃíː 쉬'이] 그녀, 그 여자는
sheep [ʃíːp 쉬'잎] 양, 신자
sheer [ʃíər 쉬'어~] 순전한, 순수한
shine [ʃáin 쉬아'인] 빛, 빛남, 빛나게 하다
ship [ʃíp 쉾] 선박, 선원, 선적하다
show [ʃóu 쉬오'우] 보여 주다, 나타나다, 상영하다
shunt [ʃʌ́nt 쉬언'ㅌ] 회피하다, 옆으로 돌리다
shy [ʃái 쉬아'이] 수줍어하는, 수줍은
sick [sík 씩'] 아픈, 병든, 싫증난
sign [sáin 싸'인] 기호, 신호, 서명하다
signal [sígnəl 씩'늘] 신호, 징후, 신호의
significant [sigrífikənt 씩니'ㅍ흐껀ㅌ] 중요한, 상당한, 뜻깊은
silk [sílk 씨'읔] 비단, 명주로 만든
simplify [símpləfài 씸'플르프하'이] 단순하게 하다, 간단하게 하다
simultaneous [sàiməltéiniəs 씨`(싸`이)머으테'이니어씨] 동시의, 동시에 작용하는
sincere [sinsíər 씬씨'어~] 성실한, 진지한, 거짓 없는
sing [síŋ 씽'] 노래하다, 부르다
singular [síŋgjulər 씽'귤러~] 단수의, 유일한
sir [sə́ːr 써'~] 선생님, 님, 귀하
situate [sítʃuèit 씨'츄에`잍] 놓다, 위치를 정하다
skeletal [skélətl 스껠'르틀] 해골의, 골격의

skill [skíl 스끼'을] 솜씨, 기능, 기술, 도움이 되다
skillful [skílfəl 스끼'을프흘] 숙련된, 능숙한, 솜씨 있는
skirt [skə́ːrt 스꺼'~트] 스커트, 옷자락
skull [skʌ́l 스꺼'을] 두개골, 두골, 머리
sky [skái 스까'이] 하늘, 비행기로 가다, 높이 올리다
slim [slím 슬리'임] 가느다란, 축소하다
sludge [slʌ́dʒ 슬러'쥐] 진흙, 진창, 침전물
smile [smáil 스마'이얼] 웃다, 미소 짓다, 미소
smoke [smóuk 스모'욱] 연기, 담배를 피우다, 연기를 뿜다
so [sóu 쏘'우] 그래서, 그렇게, 그렇다면
soap [sóup 쏘'옾] 비누, 비누칠하다
soccer [sákər 싸'꺼~] 축구
soda [sóudə 쏘'우러] 소다수, 탄산수
solution [səlúːʃən 썰루'우쉬언] 용해, 해결, 해법, 용액
spaghetti [spəgéti 스뻐게'리] 스파게티
spare [spɛ́ər 스뻬'어~] 예비의, 절약하다, 아끼다
sparrow [spǽrou 스뻬'로우] 참새, 멧새의 일종
speak [spíːk 스뻬'잌] 말을 하다, 지껄이다
special [spéʃəl 스뻬'쉬얼] 특별한, 전문의, 특수한
specific [spisífik 스쁘씨'프힉] 구체적인, 명확한, 분명한, 특정한
spectacular [spektǽkjulər 스뻭태'큘러~] 구경거리의, 장엄한
speculative [spékjulèitiv 스뻬'큘레`이

립이] 이론적인, 투기적인
sphere [sfíər 스프히'어~] 구, 영역, 분야
split [splít 스쁠맅'] 분배하다, 쪼개지다, 균열
sponsor [spánsər 스빤'써~] 후원자, 보증인
spray [spréi 스쁘레'이] 물보라, 뿌리다
spring [spríŋ 스쁘리'잉] 봄, 스프링, 샘, 도약하다
square [skwɛ́ər 스꾸에'어~] 정사각형, 광장
squash [skwɑ́ʃ 스꾸ᵒ'쉬] 짓누르다, 찌그러뜨리다
squeak [skwíːk 스꾸이'잌] 찍찍 울다, 찍찍 우는 소리
squirrel [skwə́ːrəl 스꾸어'~를] 다람쥐, 다람쥐의
stability [stəbíləti 스떠빌'르리] 안정, 안정성
stable [stéibl 스떼'이블] 안정된, 변치 않는, 마구간
stalk [stɔ́ːk 스또'윽] 몰래 추적하다, 줄기
stand [stǽnd 스땐'] 서 있다, 서다, 참다
staple [stéipl 스떼'이쁠] 주요한, 주요 산물, 꺽쇠
stare [stɛ́ər 스떼'어~] 응시하다, 빤히 쳐다보다
statistic [stətístik 스떠티'스떡] 통계량, 통계의
statistical [stətístikəl 스떠티'스띠끌] 통계의, 통계상의, 통계적인
stem [stém 스떼'엠] 줄기, 대, 유래하다
stimulative [stímjulèitiv 스띠'뮬레`이

립이 자극성의, 자극제, 자극적인

stir [stə́:r 스떠´~] 휘젓다, 뒤섞다

stomach [stʌ́mək 스떠´먹] 위, 복부, 배, 속

store [stɔ́:r 스또´어~] 가게, 상점, 저장하다

story [stɔ́:ri 스또´어~리] 이야기, 소설, 층

strange [stréindʒ 스쯔레´인쥐] 이상한, 야릇한, 낯선

strictly [stríktli 스쯔리´끌리] 엄밀히, 엄격히, 순전히

striking [stráikiŋ 스쯔라´이낑] 인상적인, 현저한, 치는

stubborn [stʌ́bərn 스떠´버~ㄴ] 완고한, 고집 센, 완강한

student [stjú:dnt 스뜌´우른트] 학생, 생도, 장학생, 연구가

subject [sʌ́bdʒikt 써´브쥍트] 주제, 과목, 학과

subprime [sʌbpráim 써프라´임] 최고급 다음가는, 차상위의

subscribe [səbskráib 썹스끄라´입] 기부하다, 서명하다, 구독하다

succeed [səksí:d 썩씨´읻] 성공하다, 뒤를 잇다

success [səksés 썩쎄´쓰] 성공, 성과, 출세

successful [səksésfəl 썩쎄´스프흘] 성공한, 성공적인

sufficient [səfíʃənt 써프히´쉬언트] 충분한, 족한

suggest [sədʒést 써줴´스떠] 암시하다, 제안하다, 건의하다

suggestive [sədʒéstiv 써줴´스띱이] 도발적인, 시사하는, 연상시키는

suicide [sjú:əsàid 쑤´어싸´읻] 자살하다, 자살, 자살 행위

suit [sú:t 쑤´읕] 소송, 어울리다, 한 벌

summer [sʌ́mər 써´머~] 여름, 하계, 여름철

sunny [sʌ́ni 써´니] 햇빛이 찬란한, 양지바른

super [sú:pər 쑤´우뻐~] 최고급의, 극상품의, 아주 좋은

supervise [sú:pərvàiz 쑤´우뻐~ㅂ아´이즈] 감독하다, 관리하다, 지휘하다

supply [səplái 써쁠라´이] 공급, 공급하다, 보완하다

sure [ʃúər 슈´어~] 확신하고, 확실히, 분명히

surface [sə́:rfis 써´~프히쓰] 표면, 표면의, 수면

surgeon [sə́:rdʒən 써~´쥐언] 외과 의사

surprise [sərpráiz 써~프라´이즈] 놀람, 놀라운, 불시의

suspect [səspékt 써스뼄´트] 의심하다, 용의자

syllabify [silǽbəfài 쓸래´브프하´이] 음절로 나누다

symphony [símfəni 씸´프허니] 교향곡, 심포니, 연주회

symptom [símptəm 씸´텀] 증상, 징후, 조짐

syndrome [síndrəm 씬´즈럼] 증후군, 증상

systematic [sistəmǽtik 씨´스뜨매´릭] 조직적인, 체계적인

T

tab [tǽb 태´앱] 꼬리표, 색인표

table [téibl 테´이블] 식탁, 탁자

tablet [tæblit 태′블릴] 정제, 서판, 메모장
talent [tǽlənt 탤′른트] 재능, 소질, 수완
talk [tɔ́ːk 토′옼] 말하다, 이야기하다, 회담
talkative [tɔ́ːkətiv 토′으커럽이] 말이 많은, 수다스러운
tall [tɔ́ːl 토′을] 키, 키가 큰, 높은
tap [tǽp 탶′] 가볍게 두드리다, 가볍게 치다, 마개
tape [téip 테′잎] 테이프, 테이프에 녹음하다
taxi [tǽksi 택′씨] 택시, 택시를 타다, 이동하다
technique [tekníːk 테크니′잌] 기법, 기술, 기교
term [tə́ːrm 터′~ㅁ] 기간, 용어, 조건
terminate [tə́ːrmənèit 터~′므네′잍] 끝내다, 종결시키다
terrestrial [təréstriəl 트레′스쓰리얼] 지구의, 육지의
terrific [tərífik 트리′프힠] 훌륭한, 아주 멋진
territory [térətɔ̀ːri 테′르토′리] 영토, 지방
testify [téstəfài 테′스뜨프하′이] 증명하다, 증언하다
thanks [θǽŋks 따앵′ㅆ] 감사, 고마운 말
theater [θíːətər 쓰이′어러~] 극장, 영화관, 연극 단체
theme [θíːm 쓰이′임] 주제, 제목, 테마
then [ðén 드에′엔] 그때, 그때에, 그 후에
there [ðɛ́ər 드에′어~] 거기에, 그곳에서, 거기
thinkable [θíŋkəbl 씽′커블] 가능하다고 생각되는, 생각할 수 있는
third [θə́ːrd 쓰어′~드] 제3의, 세 번째의

ticket [tíkit 티′킽] 표, 입장권, 정가표
tilt [tílt 틸′트] 기울다, 기울이다, 경사
Titan [táitn 타′이튼-] 거인, 티탄
titanic [taitǽnik, ti- 타이태′닠, 트태′닠] 거대한, 강력한
title [táitl 타′이틀] 표제, 제목, 직함
toe [tóu 토′우] 발가락, 발끝으로 대다
tomato [təméitou 터메′이러] 토마토
total [tóutl 토′우를] 전체의, 절대적인, 합계, 합계하다
tough [tʌ́f 텊ㅎ′] 단단한, 질긴, 불굴의
trace [tréis 쓰레′이씨] 자취, 흔적, 자국
track [trǽk 쓰랰′] 추적하다, 통로, 트랙
trade [tréid 쓰레′읻] 무역, 거래, 통상
tradition [trədíʃən 터~디′션] 전통, 관습
train [tréin 쓰레′인] 열차, 긴 열, 훈련하다, 연습하다
treat [tríːt 쓰리′잍] 치료하다, 대우하다, 취급하다
tremendous [triméndəs 터~멘′더ㅆ] 무서운, 거대한, 대단한
trial [tráiəl 쓰라′이얼] 재판, 시도
trigger [trígər 쓰리′거~] 유발하다, 일으키다, 방아쇠, 분쟁의 계기
troop [trúːp 츠룹′] 무리, 군대
tube [tjúːb 튜′웁] 관, 통, 튜브
tune [tjúːn 튜′운] 곡, 조율하다, 가락
tunnel [tʌ́nl 터′늘] 터널을 파다, 굴, 터널
turkey [tə́ːrki 터′~키] 칠면조, 터키, 실패작
turn [tə́ːrn 터′어~ㄴ] 돌리다, 바꾸다, 차례, 켜다
tutor [tjúːtər 튜′우러~] 가정교사, 개인 지

도 교사

tutorial [tjuːtɔ́ːriəl 튜우토'어~이얼] 지침서, 개별 지도

type [táip 타'잎] 형태, 전형

U

ubiquitous [juːbíkwətəs 유비'꾸으러씨] 도처에 존재하는, 편재하는

ultimate [ʌ́ltəmət 어'으티밑] 최후의, 궁극의

ultra [ʌ́ltrə 어'으츠러] 과격한, 극단적인, 과도한

unable [ʌnéibl 어'네'이블] 할 수 없는, 무능한, 무력한

unanimous [juːnǽnəməs 유내'느머씨] 합의의, 동의하는, 만장일치의

unaware [ʌnəwéər 어'너웨'어~] 알아채지 못하는, 의식하지 못하는

uneasy [ʌníːzi 어'니'이지] 불안한, 거북한, 딱딱한

unemployed [ʌnimplɔ́id 어'님플로'읻] 실직한, 실업자, 실업의

unequal [ʌníːkwəl 어'니'이꾸을] 불공평한, 동등하지 않은

unexpected [ʌnikspéktid 어'닉스뻭'틷] 예측하지 않은, 불시의, 뜻밖의

unique [juːníːk 유우니'익] 독특한, 유일한

universal [jùːnəvə́ːrsəl 유'우느버'어~쓸] 모든 사람의, 보편적인

unusual [ʌnjúːʒuəl 어'뉴'우쥬얼] 보통이 아닌, 유별난

upper [ʌ́pər 어'뻐~] 더 위의, 상위의, 상류의

urban [ə́ːrbən 어'~번] 도시의, 도시 특유의

use [júːs 유'우씨] (명)사용, 이용

＿＿ [juːz 유'우즈] (동)쓰다, 사용하다

useful [júːsfəl 유'우쓰프흘] 유용한, 도움이 되는

usual [júːʒuəl 유'우쥬얼] 평상시의, 흔히 경험하는

utilize [júːtəlàiz 유'우를라'이즈] 쓰다, 사용하다

V

vacuum [vǽkjuəm 배'뀨엄] 진공, 진공의, 공허

vase [véis 베'이씨] 꽃병, 항아리, 병

veil [véil 베'이얼] 베일, 장막, 은폐하다

velvet [vélvit 베'으브일] 벨벳, 벨벳으로 만든

veranda [vərǽndə 브랜'더] 베란다, 툇마루

very [véri 베'에리] 매우, 아주, 정말

victorious [viktɔ́ːriəs 빅토'어~이어씨] 승리를 거둔, 승리의

victory [víktəri 빅'터리] 승리, 전승, 극복

vineyard [vínjərd 비'니여~드] 포도원, 활동의 장

visit [vízit 비'질] 방문하다, 찾아가다, 방문

vitamin [váitəmin 바'이러민] 비타민

voice [vɔ́is 보'이씨] 목소리, 음성, 소리, 의견

voluntary [vɑ́ləntèri 볼'런테'리] 자발적인, 고의의

volunteer [vɑ̀ləntíər 브올`런티′어~] 지원자, 자원 봉사자
vulnerable [vʌ́lnərəbl 브어′으너~블] 취약한, 비난 받기 쉬운

W

wearable [wɛ́ərəbl 웨′어~블] 의복, 입을 수 있는, 착용 가능한
weather [wéðər 웨′드어~] 날씨, 기상, 기후
welcome [wélkəm 웨′으컴] 환영하다, 맞이하다, 환영
whirl [hwə́ːrl 워~′르] 회전, 소용돌이, 빙빙 돌다
window [wíndou 윈′도우] 창문, 창, 창구
wine [wáin 우와′인] 포도주, 과실주
wire [wáiər 우와′이어~] 전선, 철사
would [wúd 우읃] ~할 것이다, ~하려고 하다

X

xi [zái 자′이] 크사이, 크사이 입자
xylophone [záiləfòun 자′일러포운] 실로폰, 목금

Y

yard [jɑːrd 이야′어~드] 마당, 구내, 야드
yield [jíːld 이이′일] 산출하다, 야기하다, 양보하다, 이익 배당
young [jʌ́ŋ 이영′] 젊은, 어린, 청년의

Z

zebra [zíːbrə 지′이브러] 얼룩말, 줄무늬가 있는 것
zipper [zípər 지′뻐~] 지퍼
zone [zóun 조′운] 지역, 지대, 영역
zoo [zúː 즈′우] 동물원
zoom [zúːm 즈′움] 급상승, 확대하다

memo